Der kleine Löwe Henri und seine gehäkelten Freunde

Der kleine Löwe Henri und seine gehäkelten Freunde

12 Gutenachtgeschichten mit Anleitungen zum Nachhäkeln

Erzählt von **Tanja Mairhofer-Obele**   Illustriert von **Johanna Fritz**

Felix und Thomas, die Boshigurumi-Erfinder

Tanja Mairhofer-Obele, die Geschichtenerzählerin

Johanna Fritz, die Illustratorin

Wir häkeln Boshigurumis!

Die Boshigurumi-Tiere sind unsere Version der gehäkelten Amigurumi-Figuren, die in Japan schon seit Jahren im Trend sind und auch bei uns immer beliebter werden.

In unserem neuen Buch erwartet dich ein besonderes Extra: Neben Anleitungen für zwölf niedliche Häkeltiere und eine Boshi gibt's in unserem Boshigurumi-Buch eine liebevolle Kindergeschichte mit witzigen Tiercharakteren zum Vorlesen. Mama, Papa, Oma oder der Babysitter kann das Tier aus der Geschichte am Abend vorher häkeln und damit am nächsten Tag beim Vorlesen mit den Kindern alles nachspielen.

Die Geschichte, die wir mit Moderatorin und Schauspielerin Tanja Mairhofer-Obele geschrieben haben, handelt vom ängstlichen Löwen Henri, der endlich lernen will, so tapfer zu sein, wie es sein Vater, der Löwenkönig, von ihm erwartet.

Die abenteuerlustigen Boshigurumis eignen sich perfekt als treue Spielgefährten. Sie sind größer als ihre japanischen Vorbilder und deshalb super geeignet zum Kuscheln, Liebhaben oder Verschenken. Passend zur Tiererzählung von Tanja hat die Illustratorin Johanna Fritz die Abenteuer von Henri, dem Löwen, in wunderschönen Zeichnungen illustriert.

Unsere süßen Häkeltiere werden im Sturm die Kinderzimmer und die Herzen von Groß und Klein erobern!

Deine myboshi Jungs

GESCHICHTE Seite 6   ANLEITUNGEN Seite 32   KNOW-HOW Seite 130

Der kleine Löwe Henri und seine gehäkelten Freunde

1. Darf ich vorstellen: Familie Löwe

Der kleine Löwe Henri lebt mit seinen Eltern und seinem Bruder Paul im Boshigurumi-Zoo. Die Familie Löwe ist dort hoch angesehen. Mama Gisela ist bekannt für ihren blitzschnellen Verstand und ihren ausgezeichneten Weitblick. Sie kennt jeden Winkel des Zoos, jede Pflanze und jedes Tier. Oft kommen die Nachbarn zu ihr und holen sich Rat. Vater Wilhelm ist furchtlos und stark. Er kann von allen Tieren am lautesten brüllen. Deshalb wurde er auch zum Chef ernannt. Er liebt es, die Tiere anzuführen, und möchte, dass seine Söhne eines Tages in seine Fußstapfen treten.

Henris Bruder Paul liebt das Risiko und das Publikum. Wegen seiner mutigen Aktionen ist er im Zoo die größte Attraktion. Paul kann so ziemlich alles: mit der Robbe Nele um die Wette schwimmen, mit dem Zebra Emma durchs Gehege galoppieren oder wie die kleinen Äffchen auf Bäume klettern. Manchmal brüllt er dabei wie ein großer Löwe. Von den Tierkindern wird er dafür sehr bewundert. Bei einem mutigen Sprung von einem Baum hat er sich mal verletzt, daran erinnert die Narbe auf seiner Wange. So etwas findet er aber nicht schlimm. Er will nämlich auch mal Chef werden und dafür muss man einiges wagen. Ängstlich sein gilt nicht. Das Einzige, was er sich nicht traut, ist, nachts ohne seinen Teddy Felix einzuschlafen. Einmal hat er eine ganze Nacht geweint, weil er ihn nicht finden konnte. Das tut hier aber nichts zur Sache, denn viele mutige Kerle haben Schwächen – nur sind sie gut darin, sie zu verstecken.

Henri ist ganz anders als sein Bruder. Er liebt es, den Geschichten seiner Mutter zuzuhören. Zu seinen Freunden sagt Henri gerne: „Meine Mama ist die Allerbeste!" Henri ist seiner Mutter in vielen Dingen sehr ähnlich. Auch er interessiert sich für alles, was im Zoo passiert. Leidenschaftlich gern sammelt und untersucht er Gegenstände – wie ein kleiner Wissenschaftler. Im Löwengehege ist er meistens dort, wo man ihn so schnell nicht finden kann. Von seinem Versteck aus beobachtet er dann die Menschen. Langeweile kennt Henri nicht, denn wenn mal nichts zu tun ist, träumt er einfach vor sich hin. Und zu träumen gibt es immer jede Menge.

2. Henri und Freddi, zwei Jungs aus der Savanne

Henris bester Freund ist das Erdmännchen Freddi. Freddi lebt mit seinen 23 Geschwistern im Gehege gegenüber. Ursprünglich kommen beide aus der afrikanischen Savanne. Und beide lieben die Sonne. Das verbindet natürlich. In ihrer Freizeit lümmeln sie gerne nebeneinander rum und träumen vor sich hin.

Freddi ist ein sehr spontaner Typ, dem auf die Schnelle lustige Spiele einfallen. Bei ihm und seinen wuseligen Geschwistern ist immer was los. Freddis Mutter Luzie führt die große Truppe an. Bei den Erdmännchen haben nämlich meistens die Weibchen das Sagen. Freddi ist ein Späher-Erdmännchen. Das heißt, dass er immer der Erste ist, der aus dem Bau krabbelt und sich umsieht. Er muss sichergehen, dass auf seine Familie draußen keine böse Überraschung wartet. Ganz schön viel Verantwortung für so einen kleinen Kerl, aber bei den Erdmännchen muss jeder schon früh mithelfen. Freddi ist ein ausgezeichneter Späher.

Die Erdmännchen lieben die bunte Bummelbahn im Zoo. Wenn die letzten Besucher schon lange zu Hause sind, drehen sie damit ihre Runden. Mama Luzie ist die Bummelzugführerin und Freddi behält den Überblick. Der Rest der Familie quietscht heiter vor sich hin. Ab und zu sitzt Henri dazwischen und freut sich des Lebens. Henris Papa Wilhelm sieht das gar nicht gerne. Er findet, dass Erdmännchen feige und schwächlich sind. Seiner Meinung nach sind sie immer die Ersten, die verschwinden, sobald es gefährlich wird. Und redet man zu laut, zucken sie direkt zusammen.

S. 46

3. Verborgene Talente

Ein Erdmännchen als Henris bester Freund? Das findet Löwen-Papa Wilhelm schon schlimm. Noch viel schlimmer findet er aber, dass sein Sohn gerne mit Anton, dem Schnabeltier, zusammen ist. Anton wird von den anderen Tieren oft gehänselt. Sie tuscheln hinter seinem Rücken so Sachen wie: „Was soll aus dem mal werden? Seine Mama war eine Ente und sein Papa eine Wasserratte." Oder: „Der hat die Flossen vom Frosch geklaut." Henri weiß, dass das alles nicht stimmt, und mag das Schnabeltier so, wie es ist.

S. 56

Die wenigsten wissen nämlich, dass Anton ein ausgezeichneter Schwimmer und ein prima Läufer ist. Das soll ihm erst mal einer nachmachen! Außerdem kann Anton mit geschlossenen Augen und Ohren durchs Wasser sausen. Er lässt sich dabei von seinem Superspürschnabel führen. So gesehen ist das Schnabeltier ein Supertier – nur wollen das die anderen Tiere nicht glauben. Außer Henri und seine Freunde, die finden das Schnabeltier klasse. Deshalb fühlt sich Anton in der Gruppe sehr wohl.

S. 62

Vom Anderssein kann Henris Freundin Lotte, eine Rosapelikan-Dame, auch ein Lied singen. Sie ist Opernsängerin und lebt in einem Gehege um die Ecke. Aber ursprünglich kommt sie aus Rumänien. Wie die meisten Tiere vom Balkan ist Lotte sehr gastfreundlich: Für Besucher zaubert sie Fische und andere Köstlichkeiten aus ihrem großen Schnabel hervor. Lotte sieht überhaupt sehr stattlich aus: Ihre Flügel haben eine Spannweite von fast drei Metern. Außerdem ist sie mit ihren 15 Kilos eine der schwersten Vogeldamen im gesamten Tierreich. Wenn man sie auf ihr Gewicht anspricht, antwortet sie selbstbewusst: „Mit dieser Stimme bin ich viel zu schade fürs Ballett!" Wenn sie ihre Flügel aufspannt und singt, ist sie der schönste Vogel weit und breit. Keiner macht dann mehr eine doofe Bemerkung über ihr Gewicht. Sie ist dann Lotte, die Große. Henri und seine Freunde sind sehr glücklich, so ein Gesangstalent zu kennen. Deshalb singt Lotte bei jeder sich bietenden Gelegenheit für sie.

4. Wer steckt denn da dahinter?

Lotte, die Rosapelikan-Dame, hat wegen ihrer köstlichen Fische und des schönen Gesangs sehr oft Gäste. Bei Schnabeltier Anton kommt dagegen selten jemand vorbei. Denn Anton hat einen sehr eigenwilligen Geschmack und serviert gerne Würmer oder Schnecken. Nur Franz, das Gürteltier, liebt Antons Gerichte. Vor allem die böhmische Wurmsuppe und die leckeren Nacktschnecken-Spätzle.

Franz stammt aus Brasilien. Es fällt ihm schwer, im Zoo Freunde zu finden. Was vielleicht daran liegt, dass er sich einfach wie eine Kugel zusammenrollt, wenn es ihm zu bunt wird. Und wegen des Schutzpanzers wissen viele Tiere nicht, wer da wirklich dahintersteckt. Böse Zungen nennen ihn „das Ferkel in der Ritterrüstung". Trotzdem haben alle großen Respekt vor Franz, denn er ist ein Meister im brasilianischen Kampfsport Capoeira.

Margot, die Schildkröte, weiß ganz genau, wer sich hinter diesem Schutzpanzer versteckt und wie Franz sich fühlt. Denn auch sie hat einen dicken Panzer, in den sie sich oft zurückzieht. Weil sie Franz so gut versteht, ist sie ein bisschen seine Ersatzmama geworden. Margot ist eine der letzten deutschen Sumpfschildkröten. Sie kam mit ihrem Mann Thomas aus Brandenburg in den Zoo. Mittlerweile sind die beiden mit ihren 60 Jahren die Senioren in der Gruppe und lassen sich durch nichts aus der Ruhe bringen. Weil Margot und Thomas schon so viel erlebt haben und unglaublich viel wissen, werden sie auch die „Orakel von Boshigurumi" genannt.

Ja, die Freunde von Henri sind ganz besondere Tiere. Der alte Löwe Wilhelm sagt, dass ihnen allen der Mumm fehlt. Und dass der kleine Löwe Henri sich mutigere Freunde suchen soll. Dazu hat Henri aber keine Lust.

S. 70

5. Eine Reise um die Welt

Löwen-Papa Wilhelm will nichts mit Henris Freunden zu tun haben. Sie sind ihm einfach nicht mutig genug. Deshalb weiß er aber auch nicht, wie lustig es mit ihnen sein kann. Hin und wieder machen alle eine Riesenparty. Und weil die Freunde aus unterschiedlichen Teilen der Erde kommen, ist jedes Fest wie eine Reise um die Welt.

S. 78

Beim letzten Mal holte Pelikandame Lotte ihre festlichen rumänischen Tischdecken und das handbemalte Geschirr hervor. Dazu trug sie ein prächtig besticktes Kopftuch. Eröffnet wurde die Feier mit fröhlichen Hirtengesängen aus dem Balkan, bei denen kein Bein ruhig blieb und alle anfingen zu tanzen. Das australische Schnabeltier Anton malte sich mit weißer Farbe ein Muster auf den Körper. Mit einem ausgehöhlten Stamm, der sich Didgeridoo nennt, machte es Musik. Die Freunde stampften dazu mit den Füßen im Takt um ein Lagerfeuer. Die Sumpfschildkröte Margot aus Brandenburg verteilte in der Zwischenzeit Spreewaldgurken, Kartoffeln und Blaukraut. Ihr Ehemann Thomas trug die schönsten Gedichte vom großen deutschen Dichter Johann Wolfgang von Goethe vor: „Glücklich allein ist die Seele, die liebt." Das galt natürlich vor allem seiner Margot, in die er nach all den Jahren noch sehr verliebt ist. Zu späterer Stunde trommelte das brasilianische Gürteltier Franz auf Mülleimern flotte Samba-Klänge. In der ersten Reihe tanzte Anton ausgelassen mit Erdmännchen-Mama Luzie. Noch später zeigte Franz allen seine brasilianischen Kampfsportkünste. Am Ende des Festes sangen die Erdmännchen im Chor südafrikanische Lieder aus der Kalahari-Wüste. Henri saß dabei in der Mitte und trommelte auf der Buschtrommel. Danach wurden noch leckere afrikanische Kochbananenchips mit Erdnusssauce verteilt.

Bei dieser tollen Party hatte Henri die Zeit vergessen. Da seine Eltern nicht wussten, wo er war, machten sie sich große Sorgen. Löwen-Papa Wilhelm suchte ihn. Als er Henri mit seinen Freunden feiern sah, wurde er fuchslöwenwild, nahm Henri mit nach Hause und gab ihm zwei Wochen Hausarrest.

6. Hausarrest im Löwengehege

Zwei Wochen Hausarrest! Das ist ziemlich lange für so einen kleinen Löwen. Aber in dieser Zeit lernte Henri Egbert kennen. Egbert ist ein unscheinbares Mäuschen, das im Gehege der Löwenfamilie lebt und dort als Hausmeister arbeitet. Vater Wilhelm geht mit seinem Personal nicht besonders freundlich um. Zu Paul und Henri sagt er immer: „Seid nur nicht zu nett zu den Angestellten, sonst tanzen sie euch irgendwann auf der Nase herum." Der alte Löwe grüßt Egbert deshalb nur selten und ist ihm gegenüber sehr grummelig.

Weil der kleine Löwe Henri nichts gegen eine tanzende Maus auf der Nase hat und er viel Zeit im Gehege verbringen musste, fing er irgendwann an, Egbert bei der Arbeit zu helfen. Natürlich nur dann, wenn sein Vater nicht zusah. Da Löwen aber bis zu 20 Stunden am Tag schlafen, hatte Henri viel Zeit, Egbert zu unterstützen. Im Gehege war einiges zu tun: die Liegeflächen im Außenbereich schrubben, Nahrungsreste wegräumen, die Besucherhöhle lüften, im Versorgungsgebäude saugen und den Kunstfelsen spülen. Die Tage vergingen superschnell. Henri und Egbert wurden dabei richtig gute Freunde.

Als Spitzmaus hat Egbert ein außergewöhnlich großes Gehirn. Eigentlich könnte er Wissenschaftler werden, aber er arbeitet lieber im Zoo. Egbert ist auch sehr genügsam: nur ein paar Krümel – und ihm geht es richtig gut. Seine Familie ist riesengroß. Im ganzen Zoo leben 80 seiner Verwandten. Sie haben sich ein Netzwerk aus Löchern und Gängen gebaut. Deshalb kommt Egbert auch in alle Käfige und Gehege. Als kleine graue Maus kann er sich außerdem überall gut verstecken und dabei unerkannt bleiben.

S. 84

7. Henri und der Sprung ins kalte Wasser

Lustige Partys mit Freunden, in den Tag träumen oder Mäuserich Egbert bei der Hausarbeit helfen: Henri interessierte sich für alles Mögliche. Nur nicht fürs Mutigsein. Und nicht dafür, ein angesehener Löwe zu werden. Das bereitete Löwen-Papa Wilhelm große Sorgen. Deshalb beschloss er eines Tages, seinem Sohn eine Lektion zu erteilen. Er ging mit Henri an den See und sagte zu ihm: „Sohn, ich möchte nur das Beste für dich. Auch du sollst Heldentaten vollbringen und ein berühmter Löwe werden." Dann guckte der alte Löwe sehr ernst: „Du darfst nicht so feige werden wie deine Freunde. Du musst mutiger sein. Jetzt hilft nur noch eins – der Sprung ins kalte Wasser." Der alte Löwe schubste seinen Sohn mit Schwung in den See. Henri, der das Schwimmen gar nicht mochte, paddelte und kreischte ganz laut.

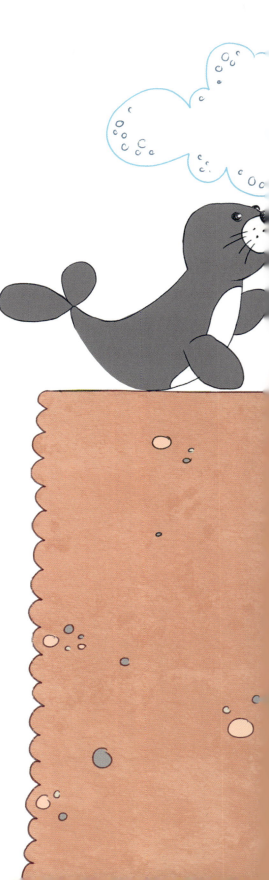

Das Schnabeltier Anton, das gerade am Grunde des Sees nach einem Abendbrot suchte, hörte Henri schreien. Anton kam herbeigeeilt und schob seinen Freund mit dem Schnabel ans Ufer zurück. Anton sah den alten Löwen und machte sich aus dem Staub.

Schniefend und patschnass stand der kleine Löwe Henri vor seinem Vater und verstand die Welt nicht mehr: „Papa, wozu war das denn gut?" Wilhelm war enttäuscht: „Das war unwürdig für einen Löwen. Du hättest dir selber helfen sollen. Wir sind an der Spitze der Nahrungskette. Ein Rang, den wir Löwen uns hart erkämpft haben. Diese Enten-Frosch-Ratte hat dich nicht zu retten!" Henri wollte seinem Vater erklären, dass Anton ein prima Kerl ist und er viel von ihm lernen kann. Das wollte der alte Löwe aber gar nicht hören: „Als Mitglied der Familie Löwe musst du lernen, für dich allein zu sorgen und mutig und stark zu sein." Henri konnte seinen Vater nicht davon überzeugen, dass seine Freunde richtig toll sind. Aber er wollte wenigstens versuchen, mutiger und stärker zu werden.

S. 94

8. Henri und die Mutmachmütze

Von diesem Tag an verbrachte Henri mehr Zeit mit Paul, der der mutigste Kerl weit und breit war. Denn er wollte genauso stark sein wie sein Bruder. Also übte Henri, Klimmzüge an der Hängebrücke zu machen, die Kunstfelsen zu verschieben, vom Dach des Versorgungsgebäudes zu springen, in Regentonnen den Hügel herunterzupurzeln, auf Bäume zu klettern, sich überall abzuseilen – und dabei ganz laut zu brüllen. Leider war Henri in alledem nicht mal halb so gut wie sein Bruder. Er holte sich nur viele blaue Flecken und hatte so gar keinen Spaß an den komischen Spielen.

Henri merkte, dass er nicht so sein konnte, wie sein Papa ihn gerne hätte. Deshalb suchte er Rat bei seiner Mutter, der klugen Löwin Gisela: „Mama, ich gebe mir so viel Mühe, mutig und stark zu sein. Ich schaffe es einfach nicht. Ich will aber, dass Papa auch stolz auf mich ist." Gisela nahm Henri in die Arme und sagte: „Für mich bist du der mutigste kleine Löwe der Welt. Laut brüllen und die Zähne zeigen kann wirklich jeder. Aber ehrlich zu seinen Gefühlen stehen, das können die wenigsten. Man ist sehr mutig, wenn man zugeben kann, dass einem Dinge Angst machen, oder wenn man seinen Freunden zeigen kann, wie gern man sie hat." Mit dieser Antwort hatte Henri nun wirklich nicht gerechnet, er war ganz schön verdutzt.

Aber es kam noch besser, denn seine Mutter überreichte ihm ein Geschenk: „Hier habe ich eine ganz besondere Mütze für dich. So eine bekommen nur die Mutigsten der Mutigen. Wenn du die auf hast, musst du nicht mehr an dir zweifeln. Sei einfach so, wie du bist." Seit diesem Tag trug Henri seine Mutmachmütze. Die stand ihm nicht nur ausgezeichnet, sie erinnerte ihn auch daran, dass er sich immer treu bleiben darf.

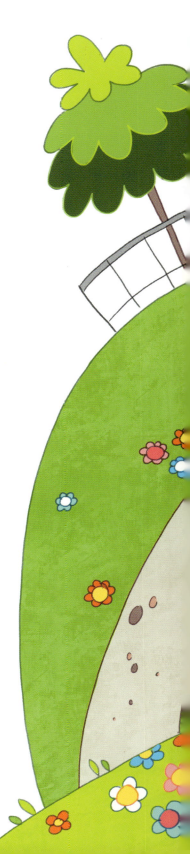

S. 100

22

9. Wo steckt Paul?

Eines Abends saßen die Tiere wie so oft am Lagerfeuer zusammen und Löwen-Papa Wilhelm erzählte von vergangenen Heldentaten. Wie er beispielsweise die behäbige Elefantendame Berta vor dem Ertrinken gerettet hat. Der kleine Löwe Henri und sein Bruder Paul waren aber unterwegs, um Verstecken zu spielen. Die Robbenklippen, das Känguru-Labyrinth, das Dschungelhaus: Verstecke gab es im Zoo wirklich genug. Nur in das alte Stollengehege durften die Löwenbrüder nicht. Vor Jahren wurde es geschlossen, weil es für die Tiere zu gefährlich war. Früher waren darin ein Tümpel und Stollen, in denen die Zoobesucher Präriehunde und Feldhamster beobachten konnten. Die Stollen sind aber irgendwann eingestürzt. Alle Tiere wurden damals natürlich in Sicherheit gebracht. Aber der Bereich hinter dem Absperrgitter gilt seitdem als Gefahrenzone, über die man sich so manche Gruselgeschichte erzählt. So soll in dem alten Stollengehege mal ein Tapir verschwunden sein …

S. 34

Als Paul und Henri daran vorbeikamen, blieb Paul stehen und sagte: „Lass uns da drinnen spielen!" Henri fand die Idee doof. Und auf Sachen, die er doof fand, hatte er keine Lust mehr. Deshalb sagte er: „Keine Lust. Es gibt viel bessere Verstecke. Lass uns woanders spielen." Paul antwortete etwas spöttisch: „Angsthase, Pfeffernase! Du traust dich ja gar nichts! Na gut, dann gehen wir woanders hin." Sie marschierten weiter. An einem Baum hielt sich Henri dann die Augen zu und begann zu zählen: „Acht, neun, zehn …" Paul versteckte sich. „Ich komme!" Henri suchte seinen Bruder. Er guckte in jede Ecke, hinter jeden Stein – konnte ihn aber nirgends finden. Dann sah er, dass das Absperrgitter zu dem verbotenen Gehege umgefallen war. Henri rief: „Paul, komm bitte aus deinem Versteck, das macht gerade keinen Spaß mehr. Du hast gewonnen, okay!?!" Henri bekam keine Antwort.

10. Die Freunde kommen herbei

„Paul, wo immer du auch bist, das Spiel ist jetzt vorbei! Bitte komm endlich raus", versuchte Henri, seinen Bruder aus dem Versteck zu locken. Franz, das Gürteltier, hörte das Rufen von Weitem. An Henris Stimme erkannte er, dass sein Freund in Schwierigkeiten war. Schnell rollte Franz sich zusammen und kugelte mit Karacho zu ihm. „Henri, was ist denn los?" Beunruhigt erklärte Henri ihm, dass er Paul nicht findet und vermutet, dass sein Bruder in das gefährliche Gehege gegangen ist. Franz begriff den Ernst der Lage. Henri bat das Gürteltier, die anderen Tiere zu alarmieren.

Am Lagerfeuer erzählte Wilhelm immer noch von seinen Heldentaten. Als Franz in die Runde platzte, wurde er erst zurechtgewiesen und dann ignoriert. Das Gürteltier wusste, dass die Zeit drängt und er sich mit den Tieren am Lagerfeuer nicht auseinandersetzen kann. Also rannte er schnurstracks zum Erdmännchen-Gehege. Dort spielte Freddi mit seinen Geschwistern gerade „Ich sehe was, was du nicht siehst". Schnell berichtete Franz, was passiert war. Freddi trommelte mit einem lauten Bellen seine Geschwister zusammen. Die Gruppe teilte sich auf: Einige liefen direkt zu Henri, der am Absperrgitter wartete. Die anderen holten den Rest der Clique. Und bald darauf waren alle da, um Henri bei der Suche nach Paul zu helfen.

Trotz aller Angst um seinen Bruder behielt Henri einen kühlen Kopf. Er wusste, dass Pelikandame Lotte den größten Weitblick von allen hatte. Deshalb bat er sie, das Gelände aus der Luft abzusuchen. Und weil Schildkröte Margot von allen Tieren am besten sehen konnte, setzte sie sich auf den Rücken von Lotte und flog mit ihr über das Gebiet. Von oben war aber nichts zu erkennen – nur ein sumpfartiger Tümpel in der Mitte des Geheges. Henri wusste, dass das Schnabeltier Anton und die Schildkröte Thomas sich mit Sümpfen bestens auskennen. Die zwei machten sich also daran, den Tümpel zu kontrollieren. Egbert, der Mäuserich, alarmierte wiederum seine Verwandten. Die durchkämmten das ganze Gehege vom Boden aus.

S. 108

27

11. Der eingestürzte Stollen

Henri und seine Freunde suchten überall nach Paul. Schließlich entdeckten die spitzfindigen Mäuse in der Nähe des alten Stollens Spuren einer großen Katze. Das konnten nur Abdrücke von Pauls Pfoten sein! Denn seit Jahren war hier keine Katze mehr. Die Gruppe folgte der Fährte, die zu einem Stolleneingang führte. Ein riesiger Geröllhaufen versperrte ihnen jedoch den Weg ins Innere. Der Stollen musste wohl eingestürzt sein, nachdem Paul sich darin versteckt hatte. Gürteltier Franz wusste, was zu tun war. Denn mit seiner Nase kann er sich hervorragend durch die Erde wühlen und gut riechen, was vor ihm ist. Er zeigte den Freunden die Richtung. Henri buddelte nach Leibeskräften los. Das Schnabeltier Anton klappte seine Flossen ein – hervor kamen scharfe Krallen, mit denen er auch sofort zu graben begann. Auch die Erdmännchen packten kräftig mit an. Gemeinsam kamen sie schnell durch das Geröll.

S. 116

Nach einiger Zeit entstand ein kleines Loch. Dahinter war so etwas wie eine Höhle zu erkennen. Henri rief hinein: „Paul, bist du da drin? Hörst du mich?" Das hellhörige Gürteltier vernahm eine leise Stimme. „Henri! Ich hab ihn gehört! Ich hab ihn gehört!" Die Freunde buddelten schnell weiter. Als das Loch etwas größer war, krabbelte Henri – ohne lange zu überlegen – in die Höhle. Im Dunkeln war nicht viel zu erkennen, aber er hörte seinen Bruder seufzen. Paul war schon sehr schwach. Henri schrie seinen Freunden zu: „Wir müssen uns beeilen. Paul hat zu wenig Luft." Aufgeregt schlug Lotte mit ihren Flügeln. Alle mussten schneller graben. Die Erdmännchen und die Mäuse halfen mit und folgten den Anweisungen des Gürteltiers. Henri buddelte von innen. Mit vereinten Kräften kamen sie voran. Nach einigen Minuten schob Henri ein zitterndes Fellknäuel aus der Höhle und kletterte schnell hinterher. Draußen umarmte Henri seinen Bruder ganz doll: „Ich bin so froh, dass du wieder da bist. Ich will nie mehr wieder so viel Angst um dich haben müssen." Paul antwortete nur mit einem: „Hmm ..." Paul war gerettet und die ganze Mannschaft erschöpft. Pelikandame Lotte brachte schnell Wasser und Fische für den geschwächten Löwen und alle Freunde herbei.

12. Wahre Helden

Henri, Paul und alle Freunde ließen sich die Fische, die Pelikandame Lotte ihnen gebracht hatte, schmecken und erholten sich ein bisschen von dem Abenteuer. Dann machten sie sich auf den Weg zum Löwengehege. Doch Paul war noch zu schwach, um allein zu gehen. Er stützte sich auf seinen Bruder. Die anderen Tiere saßen immer noch am Lagerfeuer und erzählten sich Geschichten. Als sie die erschöpften Freunde entdeckten, verstummten alle. Löwen-Mama Gisela sprang mit einem Riesensatz zu Paul. Der alte Löwe Wilhelm sah seinen zerzausten Sohn und brüllte die Gruppe wütend an: „Ihr nutzlosen Wurmfresser, was habt ihr mit Paul gemacht?" Lotte, die diese Beleidigung nicht auf sich sitzen lassen konnte, spannte ihre Flügel weit auf und wollte dem mächtigen Löwen den Marsch blasen. Da stellte sich der geschwächte Paul vor sie und sagte: „Diese Tiere haben mir gerade das Leben gerettet!" Mama Gisela schaute von einem zum anderen und sprach dann: „Du hast genug gebrüllt, Wilhelm! Bring diesen Tieren endlich die Anerkennung entgegen, die sie verdient haben. Sie haben unserem Sohn das Leben gerettet. Sie sind wahre Helden!"

S. 122

Von diesem Tag an machte man am Lagerfeuer Platz für ein paar Tiere mehr. Und man erzählte auch eine Geschichte mehr: die vom mutigen Löwen Henri und von seinen unerschrockenen Freunden. Die trugen nun übrigens alle tolle Mützen, die Löwen-Mama Gisela für sie gehäkelt hatte. Solche Mützen gab es nämlich nur für die Mutigsten unter den Mutigen.

Und Paul? Er kam schnell wieder zu Kräften. Und natürlich war er immer noch ein mutiger und starker kleiner Löwe. Aber nach dem Abenteuer in dem alten Stollen traute er sich nun, nicht immer nur stark zu sein, sondern auch zu zeigen, wie gern man jemanden hat. Wie seinen heißgeliebten Teddy Felix, der ihm früher nur beim Einschlafen half. Den nahm er jetzt überallhin mit.

WIE LESE ICH ANLEITUNGEN VON MYBOSHI?

Unsere Anleitungen sind anders als alle Anleitungen, die du bisher kennst. Sie sind einfach zu verstehen, da wir höchstens drei Abkürzungen verwenden:

F ist die Abkürzung für Farbe.

R ist die Abkürzung für Reihe.

Rd ist die Abkürzung für Runde.

Wir bemühen uns sehr, das Handarbeiten jedem verständlich und einfach beizubringen. Deshalb: Lies erst mal alles genau durch, bevor du in die gewohnte Spaltenansicht „Farbe", „Runde/Reihe", „Beschreibung" und „Anzahl Maschen in Runde/Reihe" springst. Wichtige Informationen befinden sich in dem kurzen Text ÜBER diesen Spalten.

Die Anleitung ist folgendermaßen aufgebaut:

1. Übersicht über die Materialien, die gebraucht werden. Für die Wolle gilt: Unsere Boshi-gurumi-Tiere entstehen mit der myboshi Wolle No. 5, die mit einer 4,5-mm-Häkelnadel verarbeitet wird. Vereinzelt taucht die myboshi Wolle No. 1 für kleine Elemente auf. Diese werden dann mit der 6,0-mm-Häkelnadel gearbeitet. (Alternativ zur myboshi No. 1 kann immer die myboshi No. 3 – Merinowolle – verwendet werden.)

Bitte beachte, dass die Wollknäuel von myboshi No. 5 ein Gewicht von 25 g haben und somit halb so schwer sind wie die myboshi No. 1.

2. Nach dem Durchlesen der Anleitung kannst du auch schon loslegen.

In der Spaltenansicht ist immer nur eine Farbvariante dargestellt, das heißt, man kann die Farbreihenfolge natürlich nach eigenem Wunsch anpassen. Im Beschreibungstext geht es dann lediglich um die Maschenzunahmen.

myboshi verwendet QR-Codes.

Diese können mit einem QR-Code-Scanner gescannt werden und leiten auf eine Seite weiter, auf der die Grundanleitungen aus dem Know-how-Teil mit einem kleinen Video anschaulich erklärt werden.

Anleitungen

zu unserem bunten Boshigurumi-Zoo

Mein Name ist:	# Henri
Meine besonderen Kennzeichen:	Mutmachmütze, grundsolider Typ mit Wuschelhaaren
Haarfarbe:	Löwenzahnblond
Meine Traumberufe:	erster Löwe auf dem Mond, Weltraumforscher
Meine Hobbys:	Sterne gucken, Uno spielen mit Freunden, faulenzen mit Freddi
Das kann ich richtig gut:	Rolle rückwärts, zuhören, Witze erzählen
Mein Lieblingsgericht:	Steak mit Käsespätzle und Röstzwiebeln

Skills

Nadeln
myboshi Häkelnadeln 6,0 mm
und 4,5 mm, Stick-/Vernähnadel

Material
myboshi Wolle No. 1 und No. 5,
Wollreste in Schwarz, Füllwatte

Gesamtgewicht
ca. 230 g

Maschenprobe
10 × 10 cm =
14 halbe Stäbchen × 12 Reihen

Größe
Höhe (sitzend) ca. 28 cm
Höhe (gesamt) ca. 43 cm

Farbidee 1
Farbe 1 513 Löwenzahn, 135 g, No. 5
Farbe 2 571 Beige, 10 g, No. 5
Farbe 3 112 Senf, 35 g, No. 1
Farbe 4 574 Kakao, 10 g, No. 5

Zeit
ca. 6 Stunden

Anleitung >>

Der Löwe Henri besteht aus dem Kopf, der Mähne, dem Körper, den Armen und Beinen, dem Schwanz, den Tatzen mit Krallen und den Ohren. Alle Teile werden mit halben Stäbchen (siehe Seite 134) und festen Maschen (siehe Seite 134) gehäkelt und am Ende aneinandergenäht. Sein Bruder Paul besitzt noch je eine Narbe am Bein und an der Wange, die mit schwarzen Wollresten aufgestickt werden.

Kopf

Beginn an der Schnauze. **Anfangsring** mit F 2. Runden werden geschlossen (siehe Seite 136). Fortan wird nun mit halben Stäbchen gearbeitet, die hier als „Maschen" bezeichnet werden.

Farbe	Runde	Beschreibung	Maschen in Runde
F 2	1.	in den **Anfangsring** 9 Maschen arbeiten	9
F 2	2.	jede Masche doppeln, also 2 Maschen in 1 Einstichstelle arbeiten	18
F 2	3.	1 Masche einfach häkeln, 1 Masche doppeln	27
F 2	4.–6.	jede Masche einfach häkeln	27
F 1	7.	2 Maschen einfach häkeln, 1 Masche doppeln	36
F 1	8.	3 Maschen einfach häkeln, 1 Masche doppeln	45
F 1	9.	jede Masche einfach häkeln	45
F 1	10.	8 Maschen einfach häkeln, 1 Masche doppeln	50
F 1	11.–13.	jede Masche einfach häkeln	50
F 1	14.	immer 3 Maschen einfach häkeln, 4. + 5. Masche zusammen abmaschen (siehe Seite 137)	40
F 1	15.	jede Masche einfach häkeln	40
		Aufgepasst! Den Faden von F 2 nach ca. 15 cm abschneiden, alle nicht mehr benötigten Fäden gut vernähen und den Kopf mit ausreichend Watte füllen.	
F 1	16.	immer 2 Maschen einfach häkeln, 3. + 4. Masche zusammen abmaschen	30
F 1	17.	jede Masche einfach häkeln	30
F 1	18.	immer 1 Masche einfach häkeln, 2. + 3. Masche zusammen abmaschen	20
F 1	19.	immer 2 Maschen zusammen abmaschen	10
F 1	20.	immer 2 Maschen zusammen abmaschen	5
		Ende des Kopfes: Den Faden nach ca. 50 cm abschneiden, durch die letzten 5 Maschen fädeln, das Loch gut zuziehen und fixieren. Den restlichen Endfaden später zum Annähen der Mähne verwenden.	

Mähne

Beginn der Mähne. **Anfangsring** mit 34 Luftmaschen, der 6,0-mm-Häkelnadel und F 3. Runden werden geschlossen.

Farbe	Runde	Beschreibung	Maschen in Runde
F 3	1.	in jede Anfangsluftmasche 1 feste Masche mit Schlaufe (siehe Seite 139) häkeln	34
F 3	2.	feste Maschen mit Schlaufen häkeln	34
		Aufgepasst! In den nächsten Runden werden feste Maschen zusammen abgemascht. Bei diesen Maschen wird vorher keine Schlaufe gebildet, sondern es werden nur – wie gewohnt – beide Maschen zusammen abgemascht.	
F 3	3.	6. + 7., 8. + 9., 31. + 32. sowie 33. + 34. feste Masche zusammen abmaschen (siehe Seite 137), alle übrigen festen Maschen mit Schlaufen häkeln	30
F 3	4. + 5.	feste Maschen mit Schlaufen häkeln	30
F 3	6.	immer 1 feste Masche mit Schlaufe einfach häkeln, 2. + 3. feste Masche zusammen abmaschen	20
F 3	7.	immer 2 feste Maschen mit Schlaufen einfach häkeln, 3. + 4. feste Masche zusammen abmaschen	15
F 3	8.	feste Maschen mit Schlaufen häkeln	15
F 3	9.	immer 2 feste Maschen zusammen abmaschen, die letzte feste Masche mit Schlaufe einfach häkeln	7

Ende der Mähne: Den Faden nach ca. 50 cm abschneiden, durch die letzte Luftmasche ziehen und die Mascheninnenseite mit den Schlaufen nach außen stülpen. Anschließend den Endfaden durch die letzten 7 Maschen fädeln, das Loch gut zuziehen und fixieren. Danach mit dem Endfaden die fehlenden Schlaufen, die durch die Maschenabnahmen entstanden sind, aufsticken und den Anfangsfaden gut vernähen.

Tipp: Wer möchte, kann die Schlaufen durch einen Stift fixieren, damit sie sich nicht beim Sticken der nächsten Schlaufen durchziehen.

Körper

Beginn am Hinterteil. **Anfangsring** mit F 1. Runden werden geschlossen (siehe Seite 136). Fortan wird nun mit halben Stäbchen gearbeitet, die hier als „Maschen" bezeichnet werden.

Farbe	Runde	Beschreibung	Maschen in Runde
F 1	1.	in den **Anfangsring** 10 Maschen arbeiten	10
F 1	2.	jede Masche doppeln, also 2 Maschen in 1 Einstichstelle arbeiten	20
F 1	3.	1 Masche einfach häkeln, 1 Masche doppeln	30
F 1	4.	2 Maschen einfach häkeln, 1 Masche doppeln	40
F 1	5.	3 Maschen einfach häkeln, 1 Masche doppeln	50
F 1	6.–15.	jede Masche einfach häkeln	50
F 1	16.	immer 3 Maschen einfach häkeln, 4. + 5. Masche zusammen abmaschen (siehe Seite 137)	40
F 1	17. + 18.	jede Masche einfach häkeln	40
		Aufgepasst! Nun den Anfangsfaden gut vernähen und den Körper mit ausreichend Watte füllen.	
F 1	19.	immer 2 Maschen einfach häkeln, 3. + 4. Masche zusammen abmaschen	30
F 1	20.	jede Masche einfach häkeln	30
F 1	21.	immer 1 Masche einfach häkeln, 2. + 3. Masche zusammen abmaschen	20
		Ende des Körpers: Den Faden nach ca. 30 cm abschneiden und später zum Annähen des Kopfes verwenden. Anschließend den Körper komplett mit Watte füllen. **Aufgepasst!** Der Körper ist oben offen und wird nicht mit dem Endfaden geschlossen.	

Beine

Beginn am Fuß. **Anfangsring** mit F 1. Runden werden geschlossen. Fortan wird nun mit halben Stäbchen gearbeitet, die hier als „Maschen" bezeichnet werden.

Farbe	Runde	Beschreibung	Maschen in Runde
F 1	1.	in den **Anfangsring** 10 Maschen arbeiten	10
F 1	2.	jede Masche doppeln, also 2 Maschen in 1 Einstichstelle arbeiten	20
F 1	3.	3 Maschen einfach häkeln, 1 Masche doppeln	25
F 1	4.–6.	jede Masche einfach häkeln	25
F 1	7.	immer 3 Maschen einfach häkeln, 4. + 5. Masche zusammen abmaschen	20
F 1	8.	immer 3 Maschen einfach häkeln, 4. + 5. Masche zusammen abmaschen	16
F 1	9.	immer 2 Maschen einfach häkeln, 3. + 4. Masche zusammen abmaschen	12

Beine (Fortsetzung)

Farbe	Runde	Beschreibung	Maschen in Runde
		Aufgepasst! Nun den Anfangsfaden gut vernähen und den Fuß mit ausreichend Watte füllen.	
F 1	10.	2. + 3. Masche sowie 9. + 10. Masche zusammen abmaschen, alle übrigen Maschen einfach häkeln	10
F 1	11.–18.	jede Masche einfach häkeln	10
		Ende des Beins: Den Faden nach ca. 20 cm abschneiden, das Bein mit etwas Watte füllen und den restlichen Faden zum Annähen der Beine an den Körper verwenden. Anschließend noch 1 weiteres Bein häkeln.	

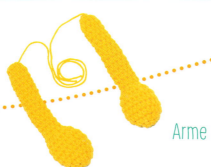

Arme

Beine

Arme

Beginn an den Händen. **Anfangsring** mit F 1. Runden werden geschlossen. Fortan wird nun mit halben Stäbchen gearbeitet, die hier als „Maschen" bezeichnet werden.

Farbe	Runde	Beschreibung	Maschen in Runde
F 1	1.	in den **Anfangsring** 8 Maschen arbeiten	8
F 1	2.	jede Masche doppeln, also 2 Maschen in 1 Einstichstelle arbeiten	16
F 1	3.	3 Maschen einfach häkeln, 1 Masche doppeln	20
F 1	4. + 5.	jede Masche einfach häkeln	20
F 1	6.	immer 3 Maschen einfach häkeln, 4. + 5. Masche zusammen abmaschen	16
F 1	7.	1 Masche einfach häkeln, (immer 2 Maschen zusammen abmaschen) Klammer noch 5-mal wiederholen, 3 Maschen einfach häkeln	10
		Aufgepasst! Nun den Anfangsfaden gut vernähen und die Hand mit ausreichend Watte füllen.	
F 1	8.–17.	jede Masche einfach häkeln	10
		Aufgepasst! Jetzt den Arm mit etwas Watte füllen.	
F 1	18.–20.	jede Masche einfach häkeln	10
F 1	21.	immer 2 Maschen zusammen abmaschen	5
		Ende des Arms: Den Faden nach ca. 20 cm abschneiden, durch die letzten 5 Maschen fädeln, das Loch oben zuziehen und fixieren. Den restlichen Endfaden zum Annähen der Arme an den Körper verwenden und anschließend 1 weiteren Arm häkeln.	

Ohren

Beginn in der Mitte der Ohren. **Anfangsring** mit F 1. Runden werden geschlossen (siehe Seite 136). Fortan wird nun mit halben Stäbchen gearbeitet, die hier als „Maschen" bezeichnet werden. Alle anderen Maschenarten werden genau bezeichnet.

Farbe	Runde/Reihe	Beschreibung	Maschen in Runde/Reihe
F 1	1. Rd	in den **Anfangsring** 4 Maschen arbeiten	4
F 1	2. Rd	jede Masche doppeln, also 2 Maschen in 1 Einstichstelle arbeiten	8
F 1	3. Rd	jede Masche doppeln	16
		Aufgepasst! Nach der 3. Runde werden noch 2 Reihen gehäkelt. Dazu am Ende einer Reihe die Wendeluftmasche (siehe Seite 138) nicht vergessen.	
F 1	4. + 5. R	4 feste Maschen häkeln	4
		Ende des Ohrs: Den Faden nach ca. 20 cm abschneiden, zum Annähen der Ohren an die Mähne verwenden und den Anfangsfaden gut vernähen. Anschließend 1 weiteres Ohr häkeln.	

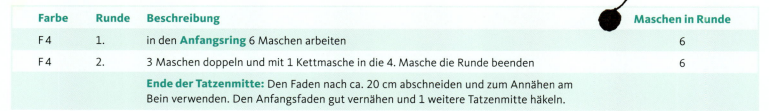

Tatzen

Für die Tatze werden pro Bein 1 Tatzenmitte und 4 Krallen benötigt.

Tatzenmitte

Beginn in der Tatzenmitte. **Anfangsring** mit F 4. Runden werden geschlossen. Fortan wird nun mit halben Stäbchen gearbeitet, die hier als „Maschen" bezeichnet werden.

Farbe	Runde	Beschreibung	Maschen in Runde
F 4	1.	in den **Anfangsring** 6 Maschen arbeiten	6
F 4	2.	3 Maschen doppeln und mit 1 Kettmasche in die 4. Masche die Runde beenden	6
		Ende der Tatzenmitte: Den Faden nach ca. 20 cm abschneiden und zum Annähen am Bein verwenden. Den Anfangsfaden gut vernähen und 1 weitere Tatzenmitte häkeln.	

Krallen

Für die Krallen insgesamt 8 **Anfangsringe** mit F 4 herstellen.

Schwanz

Beginn am Schwanzanfang. **Anfangsring** mit F 1. Runden werden geschlossen. Mit der Anfangsluftmasche erst nach ca. 20 cm beginnen, da der Faden später zum Annähen des Schwanzes am Körper benötigt wird.

Farbe	Runde	Beschreibung	Maschen in Runde
F 1	1.	in den **Anfangsring** 5 halbe Stäbchen arbeiten	5
F 1	2.–14.	jedes halbe Stäbchen einfach häkeln	5
		Ende des Schwanzes: Den Faden nach ca. 15 cm abschneiden, durch die letzten 5 Maschen fädeln, das Loch gut zuziehen und den Faden vernähen. Nun 7 Fäden von F 3 mit ca. 7 cm Länge abschneiden, durch die Maschen der 14. Runde fädeln und die einzelnen Fäden mit einem ca. 10 cm langen Faden von F 3 zu einer Quaste zusammenbinden und frisieren.	

Augen

Für die Augen 2 Luftmaschen mit Wollresten in Schwarz anschlagen. In die 1. Luftmasche 1 feste Masche und danach 1 Luftmasche häkeln. Den Faden nach ca. 15 cm abschneiden und durch die Luftmasche ziehen. Anschließend 1 weiteres Auge häkeln.

Fertigstellung

Zuerst die Ohren auf Höhe der 5. Runde der Mähne annähen. Dann die Mähne auf den Kopf setzen und mit dem langen Endfaden des Kopfes die Mähne fixieren. Nun den Kopf am offenen Ende des Körpers befestigen. Anschließend die Arme auf Höhe der 19. und 20. Runde des Körpers und die Beine unten mittig am Körper annähen. Nun die Tatzenmitte unten auf den Fuß und die Krallen darüber annähen. Danach den Schwanz auf Höhe der 6. und 7. Runde des Körpers festnähen. Zuletzt die Schnauze vorn am Kopf mit F 4 aufsticken und die Augen auf Höhe der 8. Runde des Kopfes befestigen. Fertig! Bei Henris Bruder Paul noch mit Wollresten in Schwarz die Narben an Bein und Wange aufsticken.

Farbidee 2

F 1   511 Curry, 135 g, No. 5
F 2   571 Beige, 10 g, No. 5
F 3   118 Cayenne, 35 g, No. 1
F 4   574 Kakao, 10 g, No. 5

Mutmachmütze

Die Mutmachmütze wird mit doppeltem Faden und halben Stäbchen (siehe Seite 134) gehäkelt. Die Hälfte der Boshi wird mit 2 Farben gearbeitet. Eine kleine Bommel (4,5 cm Durchmesser) in den Farben 2 und 3 rundet die Mutmachmütze ab.

Skills

Nadeln
myboshi Häkelnadel 6,0 mm,
Stick-/Vernähnadel

Farbidee 1
Farbe 1   523 Smaragd
Farbe 2   520 Eisbonbon
Farbe 3   558 Meerblau

Zeit
ca. 3 Stunden

Maschenprobe
10 × 10 cm = 11 halbe
Stäbchen × 8 Reihen mit
doppeltem Faden

Material
myboshi Wolle No. 5

Kopfumfang
Größe S   47–51 cm
Größe M   52–56 cm
Größe L   57–60 cm

Verbrauch Mutmachmütze
Größe S   F 1 35 g, F 2 30 g, F 3 30 g
Größe M   F 1 45 g, F 2 35 g, F 3 35 g
Größe L   F 1 45 g, F 2 40 g, F 3 40 g

Verbrauch Henris Mutmachmütze
F 1 15 g, F 2 20 g, F 3 20 g

Anleitung >>

Größe S

Beginn oben in der Mitte. **Anfangsring** mit doppeltem Faden und F 1. Runden werden geschlossen (siehe Seite 136). Fortan wird nun mit halben Stäbchen gearbeitet, die hier als „Maschen" bezeichnet werden.

Farbe	Runde	Beschreibung	Maschen in Runde
F 1	1.	in den **Anfangsring** 11 Maschen arbeiten	11
F 1	2.	jede Masche doppeln, also 2 Maschen in 1 Einstichstelle arbeiten	22
F 1	3.	2 Maschen einfach häkeln, 1 Masche doppeln	29
F 1	4.	3 Maschen einfach häkeln, 1 Masche doppeln	36
F 1	5.	die 1. Masche doppeln, dann immer 3 Maschen einfach häkeln, 1 Masche doppeln und die letzte Masche in der Rd doppeln	46
F 1	6.	jede Masche einfach häkeln	46
		Aufgepasst! Den Faden von F 1 nach ca. 15 cm abschneiden und jeweils 1 Faden von F 2 und F 3 hinzunehmen und damit 2-fädig weiterhäkeln.	
F 2 + F 3	7.–15.	jede Masche einfach häkeln	46
F 1	16.	Abschlussrunde/Rückrunde: In die entgegengesetzte Maschenrichtung feste Maschen häkeln, also die Boshi einfach mit der letzten auf der Nadel liegenden Schlinge um die eigene Achse drehen und häkeln.	46
		Ende für Größe S	

Größe M

Beginn oben in der Mitte. **Anfangsring** mit doppeltem Faden und F 1. Runden werden geschlossen. Fortan wird nun mit halben Stäbchen gearbeitet, die hier als „Maschen" bezeichnet werden.

Farbe	Runde	Beschreibung	Maschen in Runde
F 1	1.–4.	siehe Größe S	11–36
F 1	5.	4 Maschen einfach häkeln, 1 Masche doppeln	43
F 1	6.	5 Maschen einfach häkeln, 1 Masche doppeln	50
F 1	7.	jede Masche einfach häkeln	50
		Aufgepasst! Den Faden von F 1 nach ca. 15 cm abschneiden und jeweils 1 Faden von F 2 und F 3 hinzunehmen und damit 2-fädig weiterhäkeln.	
F 2 + F 3	8.–16.	jede Masche einfach häkeln	50
F 1	17.	Abschlussrunde/Rückrunde: In die entgegengesetzte Maschenrichtung feste Maschen häkeln, also die Boshi einfach mit der letzten auf der Nadel liegenden Schlinge um die eigene Achse drehen und häkeln.	50
		Ende für Größe M	

Größe L

Beginn oben in der Mitte. **Anfangsring** mit doppeltem Faden und F 1. Runden werden geschlossen. Fortan wird nun mit halben Stäbchen gearbeitet, die hier als „Maschen" bezeichnet werden.

Farbe	Runde	Beschreibung	Maschen in Runde
F 1	1.–6.	siehe Größe M	11–50
F 1	7.	11 Maschen einfach häkeln, 1 Masche doppeln	54
		Aufgepasst! Den Faden von F 1 nach ca. 15 cm abschneiden und jeweils 1 Faden von F 2 und F 3 hinzunehmen und damit 2-fädig weiterhäkeln.	
F 2 + F 3	8.–17.	jede Masche einfach häkeln	54
F 1	18.	Abschlussrunde/Rückrunde: In die entgegengesetzte Maschenrichtung feste Maschen häkeln, also die Boshi einfach mit der letzten auf der Nadel liegenden Schlinge um die eigene Achse drehen und häkeln.	54
		Ende für Größe L	

Fertigstellung

Alle Fäden nach ca. 15 cm abschneiden und gut vernähen. Anschließend mit F 2 und F 3 eine Bommel mit einem Durchmesser von 4,5 cm herstellen und an der Boshi befestigen.

Henris Mutmachmütze

Beginn oben in der Mitte. **Anfangsring** mit doppeltem Faden und F 1. Runden werden geschlossen. Fortan wird nun mit halben Stäbchen gearbeitet, die hier als „Maschen" bezeichnet werden.

Farbe	Runde	Beschreibung	Maschen in Runde
F 1	1.	in den **Anfangsring** 10 Maschen arbeiten	10
F 1	2.	jede Masche doppeln, also 2 Maschen in 1 Einstichstelle arbeiten	20
F 1	3.	1 Masche einfach häkeln, 1 Masche doppeln	30
		Aufgepasst! Den Faden von F 1 nach ca. 15 cm abschneiden und jeweils 1 Faden von F 2 und F 3 hinzunehmen und damit 2-fädig weiterhäkeln.	
F 2 + F 3	4.	5 Maschen einfach häkeln, 1 Masche doppeln	35
F 2 + F 3	5.–9.	jede Masche einfach häkeln	35
F 1	10.	Abschlussrunde/Rückrunde: In die entgegengesetzte Maschenrichtung feste Maschen häkeln, also die Boshi einfach mit der letzten auf der Nadel liegenden Schlinge um die eigene Achse drehen und häkeln.	35
		Ende von Henris Mutmachmütze	

Fertigstellung

Alle Fäden nach ca. 15 cm abschneiden und gut vernähen. Anschließend mit F 2 und F 3 eine Bommel mit einem Durchmesser von 3 cm herstellen und an Henris Mutmachmütze befestigen.

Freddi

Mein Name ist: Freddi

Mein besonderes Kennzeichen: dunkle Augenringe (familiär bedingt, kann ich nichts dafür)

Haarfarbe: Ocker

Meine Traumberufe: Bademeister oder bei der Bergrettung – den Überblick bewahren

Meine Hobbys: mit der Clique wuseln und wimmeln, faulenzen mit Henri

Das kann ich richtig gut: Stellung halten und in Deckung gehen

Mein Lieblingsgericht: Insektenpfannkuchen mit Honig

Skills

Nadeln
myboshi Häkelnadel 4,5 mm,
Stick-/Vernähnadel

Material
myboshi Wolle No. 5, Wollreste
in Schwarz, Füllwatte

Gesamtgewicht
ca. 240 g

Maschenprobe
10 × 10 cm =
14 halbe Stäbchen × 12 Reihen

Größe
Höhe   ca. 35 cm
⌀ Körper   ca. 12 cm

Farbidee 1
Farbe 1   572 Ocker, 130 g
Farbe 2   574 Kakao, 20 g
Farbe 3   571 Beige, 20 g
Farbe 4   532 Signalrot, 10 g

Zeit
ca. 6 Stunden

Anleitung >>

Das Erdmännchen besteht aus dem Körper mit Kopf, den Armen und Beinen, der Schnauze, den Augen, dem Bauch, dem Schwanz und den Ohren. Die Teile werden mit halben Stäbchen (siehe Seite 134), festen Maschen (siehe Seite 134) und einfachen Stäbchen (siehe Seite 135) gehäkelt und am Ende an den Körper genäht. Die schwarzen Wollreste werden für die Pupillen benötigt. Am Ende bekommt das Erdmännchen noch ein Halstuch aus halben Stäbchen.

Körper mit Kopf

Beginn mit dem Kopf. **Anfangsring** mit F 1. Runden werden geschlossen (siehe Seite 136). **Tipp:** Wer möchte, kann den Körper in der Schnecke häkeln (siehe Seite 137). Fortan wird nun mit halben Stäbchen gearbeitet, die hier als „Maschen" bezeichnet werden.

Farbe	Runde	Beschreibung	Maschen in Runde
F 1	1.	in den **Anfangsring** 10 Maschen arbeiten	10
F 1	2.	jede Masche doppeln, also 2 Maschen in 1 Einstichstelle arbeiten	20
F 1	3.	1 Masche einfach häkeln, 1 Masche doppeln	30
F 1	4.	2 Maschen einfach häkeln, 1 Masche doppeln	40
F 1	5.–10.	jede Masche einfach häkeln	40
F 1	11.	immer 2 Maschen einfach häkeln, 3. + 4. Masche zusammen abmaschen (siehe Seite 137)	30
F 1	12.	jede Masche einfach häkeln	30
		Aufgepasst! Nun den Anfangsfaden gut vernähen und den Kopf mit ausreichend Watte füllen.	
F 1	13.	immer 4 Maschen einfach häkeln, 5. + 6. Masche zusammen abmaschen	25
F 1	14.	jede Masche einfach häkeln	25
F 1	15.	4 Maschen einfach häkeln, 1 Masche doppeln	30
F 1	16.	2 Maschen einfach häkeln, 1 Masche doppeln	40
F 1	17. + 18.	jede Masche einfach häkeln	40
F 1	19.	7 Maschen einfach häkeln, 1 Masche doppeln	45
F 1	20.–42.	jede Masche einfach häkeln	45
F 1	43.	immer 7 Maschen einfach häkeln, 8. + 9. Masche zusammen abmaschen	40
F 1	44.	immer 2 Maschen einfach häkeln, 3. + 4. Masche zusammen abmaschen	30
F 1	45.	immer 1 Masche einfach häkeln, 2. + 3. Masche zusammen abmaschen	20
		Aufgepasst! Nun den Körper mit ausreichend Watte füllen.	
F 1	46.	immer 3 Maschen einfach häkeln, 4. + 5. Masche zusammen abmaschen	16
F 1	47.	immer 2 Maschen zusammen abmaschen	8
		Ende des Körpers: Den Faden nach ca. 15 cm abschneiden und den Körper komplett mit Watte füllen. Nun den Faden durch die letzten 8 Maschen fädeln, das Loch oben gut zuziehen und den Faden gut vernähen.	

Arme

Beginn an der Schulter. **Anfangsring** mit F 1. Runden werden geschlossen. Mit der Anfangsluftmasche erst nach ca. 15 cm beginnen, da dieser Faden später zum Annähen am Körper verwendet wird. Fortan wird nun mit halben Stäbchen gearbeitet, die hier als „Maschen" bezeichnet werden.

Farbe	Runde	Beschreibung	Maschen in Runde
F 1	1.	in den **Anfangsring** 6 Maschen arbeiten	6
F 1	2.	jede Masche doppeln, also 2 Maschen in 1 Einstichstelle arbeiten	12
F 1	3.–20.	jede Masche einfach häkeln	12
F 2	21.	jede Masche einfach häkeln	12
		Aufgepasst! Den Faden von F 1 nach ca. 15 cm abschneiden und diesen sowie den Anfangsfaden von F 2 gut vernähen. Dann den Arm mit ausreichend Watte füllen.	
F 2	22.	immer 1 Masche einfach häkeln, 2. + 3. Masche zusammen abmaschen	8
F 2	23.	immer 2 Maschen einfach häkeln, 3. + 4. Masche zusammen abmaschen	6
		Ende des Arms: Den Faden nach ca. 15 cm abschneiden, durch die letzten 6 Maschen fädeln, das Loch gut zuziehen und den Faden gut vernähen. Anschließend noch 1 weiteren Arm häkeln.	

Beine

Beginn am Fuß. **Anfangsring** mit F 2. Runden werden geschlossen (siehe Seite 136). Fortan wird nun mit halben Stäbchen gearbeitet, die hier als „Maschen" bezeichnet werden.

Farbe	Runde	Beschreibung	Maschen in Runde
F 2	1.	in den **Anfangsring** 8 Maschen arbeiten	8
F 2	2.	jede Masche doppeln, also 2 Maschen in 1 Einstichstelle arbeiten	16
F 2	3. + 4.	jede Masche einfach häkeln	16
		Aufgepasst! Nun den Anfangsfaden gut vernähen.	
F 2	5.	immer 2 Maschen einfach häkeln, 3. + 4. Masche zusammen abmaschen (siehe Seite 137)	12
F 2	6.	jede Masche einfach häkeln	12
F 1	7.	immer 4 Maschen einfach häkeln, 5. + 6. Masche zusammen abmaschen	10
		Aufgepasst! Den Faden von F 2 nach ca. 15 cm abschneiden und diesen sowie den Anfangsfaden von F 1 gut vernähen. Danach den Fuß mit ausreichend Watte füllen.	
F 1	8.–10.	jede Masche einfach häkeln	10
F 1	11.	1 Masche einfach häkeln, 1 Masche doppeln	15
F 1	12. + 13.	jede Masche einfach häkeln	15
F 1	14.	jede Masche einfach häkeln und die 14. + 15. Masche zusammen abmaschen	14
		Aufgepasst! Das Bein nun komplett mit Watte füllen.	
F 1	15.	immer 2 Maschen zusammen abmaschen	7
		Ende des Beins: Den Faden nach ca. 25 cm abschneiden, durch die letzten 7 Maschen fädeln, das Loch gut zuziehen und fixieren. Den restlichen Endfaden später zum Annähen der Beine am Körper verwenden. Anschließend 1 weiteres Bein häkeln.	

Schnauze

Beginn an der Spitze der Schnauze. **Anfangsring** mit F 1. Runden werden geschlossen. **Tipp:** Wer möchte, kann die Schnauze in der Schnecke häkeln (siehe Seite 137). Fortan wird nun mit halben Stäbchen gearbeitet, die hier als „Maschen" bezeichnet werden.

Farbe	Runde	Beschreibung	Maschen in Runde
F 1	1.	in den **Anfangsring** 6 Maschen arbeiten	6
F 1	2.	1 Masche einfach häkeln, 1 Masche doppeln, also 2 Maschen in 1 Einstichstelle arbeiten	9
F 1	3.	2 Maschen einfach häkeln, 1 Masche doppeln	12
F 1	4.	1 Masche einfach häkeln, 1 Masche doppeln	18
F 1	5.	7. + 8. sowie 11. + 12. Masche doppeln, alle übrigen Maschen einfach häkeln	22
F 1	6.	10., 11., 12. + 13. Masche doppeln, alle übrigen Maschen einfach häkeln	26
F 1	7.	7 Maschen einfach häkeln, 3 Maschen doppeln, 6 Kettmaschen (siehe Seite 133) häkeln, 3 Maschen doppeln, 7 Maschen einfach häkeln	32
		Ende der Schnauze: Den Faden nach ca. 40 cm abschneiden und später zum Annähen der Schnauze verwenden. Den Anfangsfaden gut vernähen.	

Unterseite der Schnauze

Beginn an der Unterseite. 3 Luftmaschen und 1 Wendeluftmasche (siehe Seite 138) mit F 3 anschlagen. **Aufgepasst!** Am Ende jeder Reihe 1 Wendeluftmasche nicht vergessen! Fortan wird nun mit halben Stäbchen gearbeitet, die hier als „Maschen" bezeichnet werden.

Farbe	Reihe	Beschreibung	Maschen in Reihe
F 3	1.	jede Masche einfach häkeln	3
F 3	2.	1 Masche doppeln, also 2 Maschen in 1 Einstichstelle arbeiten, 1 Masche einfach häkeln, 1 Masche doppeln	5
F 3	3.	1. + 5. Masche doppeln, alle übrigen Maschen einfach häkeln	7
F 3	4.	1., 4. + 7. Masche doppeln, alle übrigen Maschen einfach häkeln	10
F 3	5.	3. + 8. Masche doppeln, alle übrigen Maschen einfach häkeln	12
F 3	6.	jede Masche einfach häkeln	12
		Ende der Unterseite: Auf die letzte Masche noch 1 Luftmasche häkeln und den Faden nach ca. 30 cm abschneiden. Den langen Endfaden zum Annähen an die Schnauze verwenden und den Anfangsfaden gut vernähen.	

Bauch

Beginn oben am Hals. 4 Luftmaschen und 1 Wendeluftmasche (siehe Seite 138) mit F 3 anschlagen.
Aufgepasst! Am Ende jeder Reihe 1 Wendeluftmasche nicht vergessen! Fortan wird nun mit halben Stäbchen gearbeitet, die hier als „Maschen" bezeichnet werden.

Farbe	Reihe	Beschreibung	Maschen in Reihe
F 3	1.	jede Masche einfach häkeln	4
F 3	2.	1. + 4. Masche doppeln	6
F 3	3.	1. + 6. Masche doppeln	8
F 3	4.	1. + 8. Masche doppeln	10
F 3	5.	1. + 10. Masche doppeln	12
F 3	6.	1. + 12. Masche doppeln	14
F 3	7.–21.	jede Masche einfach häkeln	14
F 3	22.	1. + 2. sowie 13. + 14. Masche zusammen abmaschen (siehe Seite 137), alle übrigen Maschen einfach häkeln	12
F 3	23.	1. + 2. sowie 11. + 12. Masche zusammen abmaschen, alle übrigen Maschen einfach häkeln	10
F 3	24.	1. + 2. sowie 9. + 10. Masche zusammen abmaschen, alle übrigen Maschen einfach häkeln	8
F 3	25.	1. + 2. sowie 7. + 8. Masche zusammen abmaschen, alle übrigen Maschen einfach häkeln	6
F 3	26.	jede Masche einfach häkeln	6
		Ende des Bauches: Den Faden nach ca. 75 cm abschneiden und zum Annähen des Bauches am Körper verwenden. Den Anfangsfaden gut vernähen.	

Schwanz

Anfangsring mit 12 Luftmaschen und mit F 1. Runden werden geschlossen (siehe Seite 136). Mit der Anfangsluftmasche erst nach ca. 15 cm beginnen, da der Faden später zum Annähen an den Körper verwendet wird. Fortan wird nun mit halben Stäbchen gearbeitet, die hier als „Maschen" bezeichnet werden.

Farbe	Runde	Beschreibung	Maschen in Runde
F 1	1.	in jede Luftmasche 1 Masche arbeiten	12
F 1	2.	immer 4 Maschen einfach häkeln, 5. + 6. Masche zusammen abmaschen	10
F 1	3.	jede Masche einfach häkeln	10
F 1	4.	immer 3 Maschen einfach häkeln, 4. + 5. Masche zusammen abmaschen	8

Schwanz (Fortsetzung)

Farbe	Runde	Beschreibung	Maschen in Runde
F 1	5.–15.	jede Masche einfach häkeln	8
F 1	16.	immer 2 Maschen einfach häkeln, 3. + 4. Masche zusammen abmaschen	6
F 2	17. + 18.	jede Masche einfach häkeln	6
		Aufgepasst! Nun den Faden von F 1 nach ca. 15 cm abschneiden. Dann den Endfaden von F 1 und den Anfangsfaden von F 2 gut vernähen. Anschließend den Schwanz mit ausreichend Watte füllen.	
F 2	19.	immer 2 Maschen zusammen abmaschen	3
		Ende an der Schwanzspitze: Den Faden nach ca. 15 cm abschneiden, durch die letzten 3 Maschen fädeln, das Loch gut zuziehen und den Faden gut vernähen.	

Ohren

Anfangsring mit F 2. **Aufgepasst!** Am Ende der Reihe 1 Wendeluftmasche nicht vergessen! Fortan wird nun mit halben Stäbchen gearbeitet, die hier als „Maschen" bezeichnet werden. Alle anderen Maschenarten werden genau bezeichnet.

Farbe	Reihe	Beschreibung	Maschen in Reihe
F 2	1.	in den **Anfangsring** 5 Maschen arbeiten	5
		Aufgepasst! Damit die halbrunde Form der Ohren entsteht, die Runde nicht mehr schließen und noch 1 Reihe häkeln.	
F 2	2.	1. + 5. feste Masche doppeln, alle übrigen festen Maschen einfach häkeln	7
		Ende des Ohrs: Auf die letzte feste Masche 1 Luftmasche häkeln, den Faden nach ca. 20 cm abschneiden und durch die Luftmasche ziehen. Den langen Endfaden zum Annähen an den Körper verwenden und den Anfangsfaden gut vernähen. Anschließend noch 1 weiteres Ohr häkeln.	

Augen

Anfangsring mit F 2. Runde wird geschlossen.

Farbe	Runde	Beschreibung	Maschen in Runde
F 2	1.	in den **Anfangsring** 3 halbe Stäbchen, 3 einfache Stäbchen, 1 doppeltes Stäbchen (siehe Seite 135), 3 einfache Stäbchen und 3 halbe Stäbchen einfach häkeln	13
		Ende des Auges: Den Faden nach ca. 20 cm abschneiden und zum Annähen an den Körper verwenden. Den Anfangsfaden gut vernähen und dann noch 1 weiteres Auge häkeln.	

Pupillen

Mit Wollresten in Schwarz 2 Luftmaschen anschlagen, in die 1. Luftmasche 1 feste Masche häkeln und 1 Luftmasche daraufsetzen. Den Faden nach ca. 15 cm abschneiden und noch 1 weitere Pupille häkeln.

Nase

Für die Nase 1 Knubbel (siehe Seite 138) aus 3 oben zusammengehäkelten einfachen Stäbchen mit F 2 herstellen.

Halstuch

Beginn an der Spitze. 1 Luftmasche und 1 Wendeluftmasche (siehe Seite 138) mit F 4 anschlagen. **Aufgepasst!** Am Ende jeder Reihe 1 Wendeluftmasche nicht vergessen! Fortan wird nun mit halben Stäbchen gearbeitet, die hier als „Maschen" bezeichnet werden.

Farbe	Reihe	Beschreibung	Maschen in Reihe
F 4	1.	1 Masche einfach häkeln	1
F 4	2.	die Masche doppeln, also 2 Maschen in 1 Einstichstelle arbeiten	2
F 4	3.	jede Masche doppeln	4
F 4	4.	1. + 4. Masche doppeln	6
F 4	5.	1. + 6. Masche doppeln	8
F 4	6.	1. + 8. Masche doppeln	10
F 4	7.	1. + 10. Masche doppeln	12
F 4	8.	1. + 12. Masche doppeln	14
F 4	9.	1. + 14. Masche doppeln	16
F 4	10.	1. + 16. Masche doppeln	18
F 4	11.	1. + 18. Masche doppeln	20
F 4	12.	1. + 20. Masche doppeln	22
		Ende des Halstuches an den Seiten: Nach der letzten Masche noch ca. 20 Luftmaschen häkeln, den Faden nach ca. 5 cm abschneiden und durch die letzte Luftmasche ziehen. Das Halstuch nun so vor sich hinlegen, dass die Spitze des Dreiecks nach unten zeigt und die Luftmaschenkette auf der linken Seite liegt. Nun in die 1. Masche der 12. Reihe auf der rechten Seite stechen, den Faden durchholen und erneut 20 Luftmaschen häkeln. Anschließend den Faden nach ca. 5 cm abschneiden, durch die letzte Luftmasche ziehen und alle übrigen Fäden gut vernähen. **Tipp:** Wer möchte, kann an das jeweilige Ende der Schnur noch einen Knoten setzen.	

Fertigstellung

Zuerst werden beide Arme in Form gebracht. Dazu beide Arme so vor sich hinlegen, dass das dunkle Ende nach unten zeigt. Nun einen ca. 15 cm langen Faden von F1 nehmen und an einem Arm 6 Maschen der 10. und 12. Runde aneinandernähen, sodass der Ellbogen entsteht. Als Nächstes ca. 5 Maschen der 17. und 19. Runde für die Hände aneinandernähen. Anschließend den 2. Arm in Form bringen und die Arme jeweils rechts und links auf Höhe der 17. und 18. Runde des Körpers annähen. **Tipp:** Wer möchte, kann die Arme auf Höhe der Ellbogen zur besseren Stabilität leicht am Körper fixieren.

Nun die Beine wie ein V unten an den Körper nähen und aneinandernähen, sodass das Erdmännchen auf seinen Beinen sitzt. Dann den Schwanz auf Höhe der 39. bis 42. Runde befestigen. Die Unterseite der Schnauze mit den 3 Maschen oben an den Anfangsring der Schnauze legen und an allen Seiten festnähen. **Tipp:** Wer möchte, kann die Unterseite mit Stecknadeln fixieren, um das Annähen zu erleichtern.

Danach die Nase vorn an der Spitze der Schnauze festknoten und die Schnauze mit etwas Watte füllen. Als Nächstes die Unterkante der Schnauze an die 14. Runde des Kopfes bzw. des Körpers legen und annähen. Die 7. Runde der Schnauze sollte dabei leicht am Körper anliegen.

Nun den Bauch unterhalb der Schnauze mit den 4 Maschen anlegen und gerade außen herum annähen. Anschließend die Pupillen an den Augen befestigen und die Augen mit dem Rundenschluss nach unten zwischen der 5. und 6. Runde der Schnauze anlegen und nach oben hin annähen. Nun die Ohren im Halbkreis rechts und links im Abstand von 5 Maschen zu den Augen annähen. Zum Schluss alle übrigen Fäden vernähen und das Halstuch umbinden.

Farbidee 2
F1 571 Beige, 130 g
F2 574 Kakao, 20 g
F3 572 Ocker, 20 g
F4 563 Violett, 10 g

Mein Name ist:	# Anton
Mein besonderes Kennzeichen:	liebenswerte Frosch-Ente-Biber-Mischung
Haarfarbe:	Mystikviolett mit limettengrünen Strähnen
Mein Traumberuf:	Amphibienfahrzeugfahrer
Meine Hobbys:	Bierdeckel sammeln, Gartenarbeit, Schneckenwettrennen veranstalten
Das kann ich richtig gut:	mich mit einem Affenzahn durchs Wasser navigieren
Mein Lieblingsgericht:	Jumbopizza „Quattro insecto" (Larven, Würmer, Schnecken und Käfer)

Skills

Nadeln
myboshi Häkelnadel 4,5 mm,
Stick-/Vernähnadel

Material
myboshi Wolle No. 5, Wollreste in
Schwarz und Weiß für Augen und
Nase, Füllwatte

Gesamtgewicht
ca. 135 g

Maschenprobe
10 × 10 cm =
14 halbe Stäbchen × 12 Reihen

Größe
Länge ca. 43 cm
Breite ca. 11 cm

Farbidee 1
Farbe 1   563 Violett, 40 g
Farbe 2   521 Limettengrün, 20 g
Farbe 3   594 Titangrau, 10 g
Farbe 4   531 Orange, 15 g

Zeit
ca. 4 Stunden

Anleitung >>

Der Körper des Schnabeltiers wird mit halben Stäbchen (siehe Seite 134) und der Schnabel, die Beine und die Flossen werden mit festen Maschen (siehe Seite 134) gehäkelt. Der Schnabel, die Beine mit Flossen und die Augen werden separat gehäkelt und am Ende angenäht.

Körper mit Schwanz

Beginn am Kopf. **Anfangsring** mit F 1. Runden werden geschlossen (siehe Seite 136). Fortan wird nun mit halben Stäbchen gearbeitet, die hier als „Maschen" bezeichnet werden.

Farbe	Runde	Beschreibung	Maschen in Runde
F 1	1.	in den **Anfangsring** 8 Maschen arbeiten	8
F 1	2.	jede Masche doppeln, also 2 Maschen in 1 Einstichstelle arbeiten	16
F 1	3.	1 Masche einfach häkeln, 1 Masche doppeln	24
F 1	4. + 5.	jede Masche einfach häkeln	24
F 1	6.	2 Maschen einfach häkeln, 1 Masche doppeln	32
F 1	7. + 8.	jede Masche einfach häkeln	32
F 2	9.	3 Maschen einfach häkeln, 1 Masche doppeln	40
F 1 + F 2	10.–23.	jede Masche einfach häkeln, F 1 und F 2 wechseln nach jeder Runde	40
F 1	24.	immer 2 Maschen einfach häkeln, 3. + 4. Masche zusammen abmaschen (siehe Seite 137)	30
F 2	25.	immer 3 Maschen einfach häkeln, 4. + 5. Masche zusammen abmaschen	24
		Aufgepasst! Nun die Anfangsfäden von F 1 und F 2 gut vernähen und das Schnabeltier mit ausreichend Watte füllen.	
F 1	26.	jede Masche einfach häkeln	24
F 1	27.	immer 2 Maschen einfach häkeln, 3. + 4. Masche zusammen abmaschen	18
F 3	28. + 29.	jede Masche einfach häkeln	18
		Aufgepasst! Die Fäden von F 1 und F 2 nach ca. 15 cm abschneiden und beide sowie den Anfangsfaden von F 3 gut vernähen.	
F 3	30.–35.	jede Masche einfach häkeln	18
F 3	36.	immer 1 Masche einfach häkeln, 2. + 3. Masche zusammen abmaschen	12
		Aufgepasst! Das Schnabeltier nun komplett mit Watte füllen.	
F 3	37.	immer 2 Maschen zusammen abmaschen	6
F 3	38.	jede Masche einfach häkeln	6
		Ende an der Schwanzspitze: Den Faden nach ca. 15 cm abschneiden, oben durch die 6 Maschen fädeln, das Loch gut zuziehen und den Faden gut vernähen.	

Schnabel

10 Luftmaschen und 1 Wendeluftmasche (siehe Seite 138) mit F 4 anschlagen. **Aufgepasst!** Am Ende jeder Reihe die Wendeluftmasche nicht vergessen! Fortan wird nun mit festen Maschen gearbeitet, die hier als „Maschen" bezeichnet werden.

Farbe	Reihe	Beschreibung	Maschen in Reihe
F 4	1. + 2.	jede Masche einfach häkeln	10
F 4	3. + 4.	jede Masche einfach häkeln und die letzte Masche doppeln	12
F 4	5.	jede Masche einfach häkeln	12
F 4	6. + 7.	1. + 2. Masche zusammen abmaschen, alle übrigen Maschen einfach häkeln	10
		Ende des Schnabels: Den Faden nach ca. 15 cm abschneiden und alle Fäden gut vernähen. Anschließend noch 1 weitere Hälfte häkeln. Danach beide Hälften aufeinanderlegen, mit Watte füllen und entlang des Randes zusammennähen oder mit festen Maschen zusammenhäkeln.	

Unterseite des Schnabels

10 Luftmaschen und 1 Wendeluftmasche mit F 4 anschlagen. **Aufgepasst!** Am Ende jeder Reihe die Wendeluftmasche nicht vergessen! Fortan wird nun mit festen Maschen gearbeitet, die hier als „Maschen" bezeichnet werden.

Farbe	Reihe	Beschreibung	Maschen in Reihe
F 4	1.–6.	jede Masche einfach häkeln	10
		Ende der Schnabelunterseite: Den Faden nach ca. 45 cm abschneiden. Den langen Faden später zum Annähen an den Schnabel und zum Befestigen des Schnabels am Körper verwenden.	

Vorderbeine

Beginn oben am Bein. **Anfangsring** mit F 1. Runden werden geschlossen. **Tipp:** Wer möchte, kann die Vorderbeine auch in der Schnecke häkeln (siehe Seite 137). Fortan wird nun mit festen Maschen gearbeitet, die hier als „Maschen" bezeichnet werden.

Farbe	Runde	Beschreibung	Maschen in Runde
F 1	1.	in den **Anfangsring** 11 Maschen arbeiten	11
F 1	2.–4.	jede Masche einfach häkeln	11
		Aufgepasst! Nun den Anfangsfaden gut vernähen und das Bein mit ausreichend Watte füllen.	
F 1	5.	immer 2 Maschen zusammen abmaschen und die letzte Masche einfach häkeln	6
		Ende des Vorderbeins: Den Faden nach ca. 15 cm abschneiden, durch die 6 Maschen fädeln, das Loch gut zuziehen und fixieren. Den restlichen Endfaden später zum Annähen an den Körper verwenden. Anschließend noch 1 weiteres Vorderbein häkeln.	

Hinterbeine

Beginn oben am Bein. **Anfangsring** mit F 1. Runden werden geschlossen (siehe Seite 136). **Tipp:** Wer möchte, kann die Hinterbeine auch in der Schnecke häkeln (siehe Seite 137). Fortan wird nun mit festen Maschen gearbeitet, die hier als „Maschen" bezeichnet werden.

Farbe	Runde	Beschreibung	Maschen in Runde
F 1	1.	in den **Anfangsring** 8 Maschen arbeiten	8
F 1	2.–4.	jede Masche einfach häkeln	8
		Ende des Hinterbeins: Den Faden nach ca. 15 cm abschneiden und den Anfangsfaden gut vernähen. Danach das Bein mit ausreichend Watte füllen, den Endfaden durch die 8 Maschen fädeln, das Loch gut zuziehen und fixieren. Den restlichen Endfaden zum Annähen an den Körper verwenden und anschließend 1 weiteres Hinterbein häkeln.	

Vordere Flossen

Anfangsring mit F 4. Runden werden geschlossen. Mit der Anfangsluftmasche erst nach ca. 20 cm beginnen, da der Faden später zum Annähen an das Vorderbein verwendet wird. Fortan wird nun mit festen Maschen gearbeitet, die hier als „Maschen" bezeichnet werden.

Farbe	Runde/Reihe	Beschreibung	Maschen in Runde/Reihe
F 4	1. Rd	in den **Anfangsring** 5 Maschen arbeiten	5
		Aufgepasst! Die Runde wird nicht geschlossen. Auf die letzte Masche 1 Luftmasche als Wendeluftmasche (siehe Seite 138) häkeln und den gehäkelten Kreis wenden. Nun wird nur noch in Reihen weitergehäkelt. Die Wendeluftmasche am Ende der Reihe nicht vergessen.	
F 4	2.–4. R	jede Masche einfach häkeln	5
F 4	5. R	1. + letzte Masche doppeln, alle übrigen Maschen einfach häkeln	7
F 4	6. R	2 Luftmaschen häkeln, die so entstandene Luftmaschenkette in der 1. Einstichstelle mit 1 Masche befestigen, (3 Luftmaschen häkeln und mit 1 Masche in der nächsten Einstichstelle befestigen) Klammer noch 5-mal wiederholen	27
		Ende der vorderen Flosse: Den Faden nach ca. 15 cm abschneiden und gut vernähen. Anschließend noch 1 weitere vordere Flosse häkeln.	

Hintere Flossen

Anfangsring mit F 4. Runden werden geschlossen. Mit der Anfangsluftmasche erst nach ca. 20 cm beginnen, da der Faden später zum Annähen an das Hinterbein verwendet wird. Fortan wird nun mit festen Maschen gearbeitet, die hier als „Maschen" bezeichnet werden.

Farbe	Runde/Reihe	Beschreibung	Maschen in Runde/Reihe
F 4	1. Rd	in den **Anfangsring** 4 Maschen arbeiten	4
		Aufgepasst! Die Runde wird nicht geschlossen. Auf die letzte Masche 1 Luftmasche als Wendeluftmasche häkeln und den gehäkelten Kreis wenden. Nun wird nur noch in Reihen weitergehäkelt. Die Wendeluftmasche am Ende der Reihe nicht vergessen.	
F 4	2. + 3. R	jede Masche einfach häkeln	4
F 4	4. R	3 Luftmaschen häkeln, die so entstandene Luftmaschenkette in der 1. Einstichstelle mit 1 Masche befestigen, (4 Luftmaschen häkeln und mit 1 Masche in die nächste Einstichstelle befestigen) Klammer noch 2-mal wiederholen	19
		Ende der hinteren Flosse: Den Faden nach ca. 15 cm abschneiden und gut vernähen. Anschließend noch 1 weitere hintere Flosse häkeln.	

Augen

Anfangsring mit 8 halben Stäbchen aus schwarzen Wollresten. Insgesamt 2-mal häkeln.

Fertigstellung

Zuerst alle Fäden gut vernähen. Nun die Vorderbeine mittig auf Höhe der 11. bis 13. Runde und die Hinterbeine mittig auf Höhe der 19. bis 21. Runde an der Unterseite festnähen. Danach die Flossen an die Beine nähen. Anschließend die Schnabelunterseite an den Schnabel nähen und mit dem übrigen Faden den Schnabel am Körper befestigen. Zum Schluss die Augen vorn mittig auf Höhe der 5. und 6. Runde aufnähen, mit Wollresten in Weiß Pupillen aufsticken und die Nasenlöcher mit schwarzen Wollresten auf den Schnabel sticken. Fertig!

Farbidee 2

F 1   555 Marine, 40 g
F 2   562 Magenta, 20 g
F 3   591 Silber, 10 g
F 4   531 Orange, 15 g

Mein Name ist:	# Lotte
Mein besonderes Kennzeichen:	prächtiger Schnabel
Haarfarbe:	zwischen Weiß und Rose
Mein Traumberuf:	Primadonna an der Scala in Mailand
Meine Hobbys:	Fische lecker zubereiten, die Oper als solche
Das kann ich richtig gut:	meine Freunde mit leckeren Fischspezialitäten verwöhnen
Mein Lieblingsgericht:	Wildlachs mit Schafskäse und Basilikum

Skills

Nadeln
myboshi Häkelnadel 4,5 mm,
Stick-/Vernähnadel

Material
myboshi Wolle No. 5, Wollreste
in Schwarz, Füllwatte

Gesamtgewicht
ca. 305 g

Maschenprobe
10 × 10 cm =
14 halbe Stäbchen × 12 Reihen

Größe
Höhe (sitzend)   ca. 35 cm
Höhe (gesamt)   ca. 60 cm
⌀ Körper   ca. 20 cm

Farbidee 1
Farbe 1   591 Weiß, 140 g
Farbe 2   531 Orange, 20 g
Farbe 3   593 Silber, 35 g

Zeit
ca. 6 Stunden

Anleitung >>

Der Pelikankörper, der Schnabel sowie die Füße werden mit halben Stäbchen (siehe Seite 134) und einfachen Stäbchen (siehe Seite 135) gehäkelt. Die Flügel bestehen aus Stäbchenbündeln und Maschenbündeln (siehe Seite 135). Am Ende werden die Flügel, die Füße, die Augen und der Schnabel an den Körper genäht.

Kopf und Körper

Beginn am Kopf. **Anfangsring** mit F 1. Runden werden geschlossen (siehe Seite 136). **Aufgepasst!** Für die 2. Variante wechseln sich F 1 und F 4 nach jeder Runde ab. Fortan wird nun mit halben Stäbchen gearbeitet, die hier als „Maschen" bezeichnet werden.

Farbe	Runde	Beschreibung	Maschen in Runde
F 1	1.	in den **Anfangsring** 10 Maschen arbeiten	10
F 1	2.	jede Masche doppeln, also 2 Maschen in 1 Einstichstelle arbeiten	20
F 1	3.	1 Masche einfach häkeln, 1 Masche doppeln	30
		Aufgepasst! Nun den Anfangsfaden gut vernähen.	
F 1	4.	2 Maschen einfach häkeln, 1 Masche doppeln	40
F 1	5.–11.	jede Masche einfach häkeln	40
F 1	12.	immer 2 Maschen einfach häkeln, 3. + 4. Masche zusammen abmaschen (siehe Seite 137)	30
F 1	13. + 14.	jede Masche einfach häkeln	30
F 1	15.	immer 1 Masche einfach häkeln, 2. + 3. Masche zusammen abmaschen	20
F 1	16.–21.	jede Masche einfach häkeln	20
F 1	22.	1 Masche einfach häkeln, 1 Masche doppeln	30
F 1	23.	2 Maschen einfach häkeln, 1 Masche doppeln	40
F 1	24.	3 Maschen einfach häkeln, 1 Masche doppeln	50
F 1	25.	jede Masche einfach häkeln	50
F 1	26.	4 Maschen einfach häkeln, 1 Masche doppeln	60

Kopf und Körper (Fortsetzung)

Farbe	Runde	Beschreibung	Maschen in Runde
F 1	27.–29.	jede Masche einfach häkeln	60
F 1	30.	5 Maschen einfach häkeln, 1 Masche doppeln	70
F 1	31.–33.	jede Masche einfach häkeln	70
F 1	34.	immer 5 Maschen einfach häkeln, 6. + 7. Masche zusammen abmaschen	60
F 1	35.–40.	jede Masche einfach häkeln	60
F 1	41.	immer 4 Maschen einfach häkeln, 5. + 6. Masche zusammen abmaschen	50
F 1	42.	jede Masche einfach häkeln	50
F 1	43.	immer 3 Maschen einfach häkeln, 4. + 5. Masche zusammen abmaschen	40
F 1	44.	jede Masche einfach häkeln	40
F 1	45.	immer 2 Maschen einfach häkeln, 3. + 4. Masche zusammen abmaschen	30
F 1	46.	immer 1 Masche einfach häkeln, 2. + 3. Masche zusammen abmaschen	20
		Aufgepasst! Den Kopf und den Körper mit ausreichend Watte füllen.	
F 1	47.	immer 2 Maschen zusammen abmaschen	10
F 1	48.	jede Masche einfach häkeln	10

Ende des Körpers: Den Faden nach ca. 15 cm abschneiden und den Körper komplett mit Watte füllen. Anschließend den Faden durch die 10 Maschen fädeln, das Loch gut zuziehen und den Faden gut vernähen.

Unterseite des Schnabels (Kehlsack)

Beginn unten in der Mitte der Schnabelunterseite. **Anfangsring** mit F 2. Runden werden geschlossen. Mit der Anfangsluftmasche erst nach ca. 25 cm beginnen, da mit dem Faden später die Schnabelunterseite zusammengenäht wird.
Fortan wird nun mit halben Stäbchen gearbeitet, die hier als „Maschen" bezeichnet werden.

Farbe	Runde/Reihe	Beschreibung	Maschen in Runde/Reihe
F 2	1. Rd	in den **Anfangsring** 10 Maschen arbeiten	10
F 2	2. Rd	4 Maschen einfach häkeln, 1 Masche doppeln, also 2 Maschen in 1 Einstichstelle arbeiten	12
F 2	3. Rd	1 Masche einfach häkeln, 1 Masche doppeln	18
		Aufgepasst! Damit die typische Schnabelform entsteht, wird nach der 3. Runde nur noch in Hin- und Rückreihen weitergehäkelt. Am Ende einer Reihe die Wendeluftmasche (siehe Seite 138) nicht vergessen!	
F 2	4. R	8 Maschen einfach häkeln, 1 Masche doppeln	20
F 2	5. R	1 Masche einfach häkeln, 1 Masche doppeln	30

Fortsetzung nächste Seite >>

Unterseite des Schnabels (Kehlsack, Fortsetzung)

Farbe	Runde/Reihe	Beschreibung	Maschen in Runde/Reihe
F 2	6. + 7. R	jede Masche einfach häkeln	30
F 2	8. R	12 Maschen einfach häkeln, (1 Masche doppeln, 1 Masche einfach häkeln) Klammer noch 2-mal wiederholen, 12 Maschen einfach häkeln	33
F 2	9. R	13 Maschen einfach häkeln, (1 Masche doppeln, 1 Masche einfach häkeln) Klammer noch 2-mal wiederholen, 14 Maschen einfach häkeln	36
F 2	10. R	jede Masche einfach häkeln	36
		Ende der Schnabelunterseite: Auf die letzte Masche noch 1 Luftmasche häkeln, den Faden nach ca. 50 cm abschneiden, durch die Luftmasche ziehen und später zum Annähen des Schnabels verwenden. Anschließend die Schnabelunterseite an den kurzen Kanten so aufeinanderlegen, dass ein Dreieck entsteht. Der Anfangsring zeigt nach unten. Nun die beiden Seiten mit dem Anfangsfaden zusammennähen.	

Deckel des Schnabels

Beginn an der Schnabelunterseite (Kehlsack). Für den Deckel des Schnabels die Schnabelunterseite so vor sich hinlegen, dass die zusammengenähte Mitte direkt vor einem liegt. Nun von dieser Naht aus 3 Maschen nach rechts zählen und in dieser 3. Masche einstechen. Dann den Faden durchholen, 1 Luftmasche häkeln und anschließend mit der 1. Reihe beginnen.
Aufgepasst! Am Ende einer Reihe die Wendeluftmasche (siehe Seite 138) nicht vergessen! Fortan wird nun mit halben Stäbchen gearbeitet, die hier als „Maschen" bezeichnet werden.

Farbe	Reihe	Beschreibung	Maschen in Reihe
F 2	1.	6 Maschen einfach häkeln	6
F 2	2.	1. + letzte Masche doppeln, alle übrigen Maschen einfach häkeln	8
F 2	3.	1. + letzte Masche doppeln, alle übrigen Maschen einfach häkeln	10
F 2	4.–8.	jede Masche einfach häkeln	10
F 2	9.	1. + 2. sowie 9. + 10. Masche zusammen abmaschen (siehe Seite 137), alle übrigen Maschen einfach häkeln	8
F 2	10.	jede Masche einfach häkeln	8
F 2	11.	1. + 2. sowie 7. + 8. Masche zusammen abmaschen, alle übrigen Maschen einfach häkeln	6
F 2	12.	1. + 2. sowie 5. + 6. Masche zusammen abmaschen, alle übrigen Maschen einfach häkeln	4
F 2	13.	immer 2 Maschen zusammen abmaschen	2
		Ende des Schnabeldeckels: Den Faden nach ca. 15 cm abschneiden und alle Fäden gut vernähen.	

Flügel

Anfangsring mit F1. Runden werden in der 1. Masche geschlossen (siehe Seite 136). Mit der Anfangsluftmasche erst nach ca. 35 cm beginnen. Den Faden später zum Annähen an den Körper verwenden. Bei Runden mit einfachen Stäbchen werden am Anfang 2 Luftmaschen gehäkelt. Fortan wird nun mit halben Stäbchen gearbeitet, die hier als „Maschen" bezeichnet werden. Alle anderen Maschenarten werden genau bezeichnet. **Stäbchenbündel:** Ein Stäbchenbündel kann einmal aus 1 einfachen Stäbchen, 2 Luftmaschen und 1 einfachen Stäbchen bestehen (= 1–2–1) und zum anderen aus 1 einfachen Stäbchen, 1 Luftmasche und 1 einfachen Stäbchen (= 1–1–1).

Farbe	Runde/Reihe	Beschreibung	Maschen in Runde/Reihe
F 1	1. Rd	in den **Anfangsring** 10 Maschen arbeiten	10
F 1	2. Rd	in jede Masche 1 Stäbchenbündel (1–2–1) häkeln	10 Stäbchenbündel
		Aufgepasst! Ab der 3. Reihe nur noch in Hin- und Rückreihen weiterhäkeln. Die Stäbchenbündel (1–1–1) der nächsten Reihen werden nur noch um die Luftmaschen der Vorrunde bzw. Vorreihe gehäkelt. Am Ende einer Reihe die 2 Wendeluftmaschen nicht vergessen.	
F 1	3. R	2 Stäbchenbündel einfach häkeln, 2 Stäbchenbündel doppeln, 2 Stäbchenbündel einfach häkeln; restliche 4 Stäbchenbündel der 2. Rd auslassen, die Arbeit wenden	8 Stäbchenbündel
F 1	4. R	jedes Stäbchenbündel einfach häkeln	8 Stäbchenbündel
F 1	5. R	3 Stäbchenbündel einfach häkeln, 2 Stäbchenbündel doppeln, 3 Stäbchenbündel einfach häkeln	10 Stäbchenbündel
F 1	6. R	4 Stäbchenbündel einfach häkeln, 2 Stäbchenbündel doppeln, 4 Stäbchenbündel einfach häkeln	12 Stäbchenbündel
F 1	7. R	jedes Stäbchenbündel einfach häkeln, am Ende der Reihe 1 Wendeluftmasche häkeln	12 Stäbchenbündel
F 1	8. R	in das 1. Stäbchenbündel 1 Maschenbündel (= 1 halbes Stäbchen, 1 einfaches Stäbchen, 2 doppelte Stäbchen, 1 einfaches Stäbchen und 1 halbes Stäbchen) häkeln (siehe Seite 135), 10 Stäbchenbündel einfach häkeln und in das 12. Stäbchenbündel 1 Maschenbündel häkeln	2 Maschenbündel/ 10 Stäbchenbündel
		Aufgepasst! Am Ende der Reihe nur noch 1 Wendeluftmasche häkeln, da alle weiteren Reihen mit 1 Maschenbündel beginnen.	
F 1	9. R	1. Einstichstelle auslassen, 6 Kettmaschen häkeln (die 6. Kettmasche befindet sich im 1. Stäbchen des Stäbchenbündels), 1 Luftmasche häkeln und im Stäbchenbündel 1 Maschenbündel arbeiten, 8 Stäbchenbündel einfach häkeln, in das 10. Stäbchenbündel 1 Maschenbündel häkeln, in das einfache Stäbchen des Maschenbündels 1 Kettmasche und 1 Wendeluftmasche häkeln	2 Maschenbündel/ 8 Stäbchenbündel
F 1	10. R	1. Einstichstelle auslassen, 6 Kettmaschen und 1 Luftmasche häkeln, 1 Maschenbündel häkeln, 6 Stäbchenbündel einfach häkeln, in das 8. Stäbchenbündel 1 Maschenbündel häkeln, in das einfache Stäbchen des Maschenbündels 1 Kettmasche und 1 Wendeluftmasche häkeln	2 Maschenbündel/ 6 Stäbchenbündel
F 1	11. R	1. Einstichstelle auslassen, 6 Kettmaschen und 1 Luftmasche häkeln, 1 Maschenbündel häkeln, 4 Stäbchenbündel einfach häkeln, in das 6. Stäbchenbündel 1 Maschenbündel häkeln, in das einfache Stäbchen des Maschenbündels 1 Kettmasche und 1 Wendeluftmasche häkeln	2 Maschenbündel/ 4 Stäbchenbündel

Fortsetzung nächste Seite ››

Flügel (Fortsetzung)

Ab der 3. Reihe bestehen die Stäbchenbündel aus 1 einfachen Stäbchen, 1 Luftmasche und 1 einfachen Stäbchen und werden nur noch um die Luftmaschen der Vorreihe gehäkelt.

Farbe	Runde/Reihe	Beschreibung	Maschen in Runde/Reihe
F 1	12. R	1. Einstichstelle auslassen, 6 Kettmaschen und 1 Luftmasche häkeln, 1 Maschenbündel häkeln (siehe Seite 135), 2 Stäbchenbündel einfach häkeln, in das 4. Stäbchenbündel 1 Maschenbündel häkeln, in das einfache Stäbchen des Maschenbündels 1 Kettmasche und 1 Wendeluftmasche (siehe Seite 138) häkeln	2 Maschenbündel/ 2 Stäbchenbündel
F 1	13. R	2 Maschenbündel häkeln	2 Maschenbündel
		Ende des Flügels: Den Faden nach ca. 15 cm abschneiden und gut vernähen. Anschließend noch 1 weiteren Flügel häkeln.	

Beine mit Fuß

Beginn am Bein. **Anfangsring** mit F 3. Runden werden geschlossen (siehe Seite 136). Mit der Anfangsluftmasche erst nach ca. 25 cm beginnen. Den Faden später zum Annähen des Beins an den Körper verwenden. Fortan wird nun mit halben Stäbchen gearbeitet, die hier als „Maschen" bezeichnet werden.

Farbe	Runde	Beschreibung	Maschen in Runde
F 3	1.	in den **Anfangsring** 10 Maschen arbeiten	10
F 3	2.–13.	jede Masche einfach häkeln	10
F 3	14.	immer 2 Maschen zusammen abmaschen	5
F 3	15.	1., 3. + 5. Masche doppeln, die anderen beiden Maschen einfach häkeln	8
F 3	16.	jede Masche einfach häkeln	8
F 3	17.	1 Masche einfach häkeln, 1 Masche doppeln	12
F 3	18.	2 Maschen einfach häkeln, 1 Masche doppeln	16
F 3	19.	3 Maschen einfach häkeln, 1 Masche doppeln	20
F 3	20.	1 Masche einfach häkeln, 1 Masche doppeln	30
F 3	21.	(1 Kettmasche, 1 einfaches Stäbchen, 2 doppelte Stäbchen (siehe Seite 135) und 1 einfaches Stäbchen häkeln) Klammer noch 5-mal wiederholen	30
		Aufgepasst! Es sind 6 Bögen entstanden. Immer 2 gegenüberliegende Bögen aufeinanderlegen und mit ausreichend Watte füllen.	
F 3	22.	Fuß mit festen Maschen und Kettmaschen (siehe Seite 133) zusammenhäkeln, dazu in jedes der einfachen Stäbchen oder doppelten Stäbchen 1 feste Masche häkeln, in die Kettmaschen der Vorrunde 1 Kettmasche häkeln	30
		Ende des Fußes: Den Faden nach ca. 50 cm abschneiden und mit der Vernähnadel durch die Maschenschlingen der 30 Maschen fädeln. Auf Höhe der Kettmaschen (Einbuchtungen) in die 17. Runde tiefer stechen, den Faden auf der gegenüberliegenden Seite ausstechen und wieder nach oben zu den Maschenschlingen zurückführen. Vorgang bei der 2. Einbuchtung des Fußes wiederholen und den Faden gut vernähen. Anschließend noch 1 weiteres Bein mit Fuß häkeln.	

Augen

Die Augen werden mit Wollresten in Schwarz gehäkelt. Dazu 2 Luftmaschen anschlagen und in die 1. Luftmasche 1 feste Masche (siehe Seite 134) häkeln. Anschließend 1 Luftmasche häkeln, den Faden nach ca. 15 cm abschneiden und 1 weiteres Auge häkeln.

Fertigstellung

Zuerst den Flügel in der Mitte halbieren (Anfangsring halbieren) und beide Seiten aufeinanderlegen. Nun die beiden Seiten des Flügels mit Maschenbündeln zusammenhäkeln. Dazu den Faden an der oberen Kante (bei der 2. Runde) mittig durch eine der Maschen ziehen und 1 Luftmasche häkeln. Anschließend Maschenbündel bis zu den bereits vorhandenen Maschenbündeln häkeln. Danach den 2. Flügel auf die gleiche Weise zusammenhäkeln. Beide Flügel nun auf Höhe der 23. und 24. Runde des Körpers annähen. Die Maschenbündel zeigen nach unten bzw. nach hinten. Dann die Beine unten waagerecht am Körper befestigen. Als Nächstes den Schnabel mittig auf Höhe der 9. bis 13. Runde mit einer Breite von ca. 8 Maschen am Kopf festnähen. Zuletzt die Augen rechts und links im Abstand von ca. 3 Maschen zum Schnabel auf Höhe der 7. Runde festnähen oder festknoten. Fertig!

ANLEITUNG

Hier findest du die Anleitung zu Lottes Fischfang:
www.selfmade-boshi.com/Gratis-Ideen/Heinz-und-Herbert

Farbidee 2

F 1   591 Weiß, 90 g
F 2   531 Orange, 20 g
F 3   594 Titangrau, 35 g
F 4   542 Rose, 50 g

Mein Name ist:	# Franz
Mein besonderes Kennzeichen:	Ritterrüstung
Haarfarbe:	Sandblond mit Pflaumenlila
Meine Traumberufe:	Kampfsportlehrer oder Samurai
Meine Hobbys:	Capoeira, Salsa tanzen
Das kann ich richtig gut:	rumkugeln, die Nacht zum Tag machen
Mein Lieblingsgericht:	Wurmburrito mit Salsadip

Skills ●●●●○

Nadeln
myboshi Häkelnadel 4,5 mm,
Stick-/Vernähnadel

Material
myboshi Wolle No. 5, Wollreste
in Schwarz und Weiß für die
Augen, Füllwatte

Gesamtgewicht
ca. 380 g

Maschenprobe
10 × 10 cm =
14 halbe Stäbchen × 12 Reihen

Größe
Höhe   ca. 20 cm
Länge   ca. 70 cm

Farbidee 1
Farbe 1   565 Pflaume, 100 g
Farbe 2   571 Beige, 85 g
Farbe 3   593 Silber, 35 g

Zeit
ca. 6 Stunden

Anleitung ››

Das Gürteltier besteht aus Hals und Körper mit Schwanz, Kopf mit Rüssel, 4 Beinen, den Augen und den Ohren. Die Teile werden mit halben Stäbchen (siehe Seite 134), einfachen Stäbchen (siehe Seite 135), festen Maschen (siehe Seite 134) und tiefgestochenen festen Maschen gehäkelt. Am Ende werden alle Teile aneinandergenäht.

Hals und Körper mit Schwanz

Beginn mit dem Hals. 40 doppelte Luftmaschen (siehe Seite 140) mit F 1 anschlagen. Runden werden geschlossen (siehe Seite 136). **Aufgepasst!** Bei Runden mit einfachen Stäbchen werden zu Beginn 2 Luftmaschen gehäkelt, sonst bei halben Stäbchen oder festen Maschen 1 Luftmasche.

Farbe	Runde	Beschreibung	Maschen in Runde
F 1	1.	in jede doppelte Luftmasche 1 halbes Stäbchen häkeln	40
F 1	2.	jedes halbe Stäbchen einfach häkeln	40
F 1	3.	3 halbe Stäbchen einfach häkeln, 1 halbes Stäbchen doppeln, also 2 Maschen in 1 Einstichstelle arbeiten	50
		Aufgepasst! Nun den Anfangsfaden gut vernähen.	
F 1	4.	4 halbe Stäbchen einfach häkeln, 1 Masche doppeln	60
F 1	5. + 6.	jedes halbe Stäbchen einfach häkeln	60
F 1	7.	5 halbe Stäbchen einfach häkeln, 1 halbes Stäbchen doppeln	70
F 1	8.	13 halbe Stäbchen einfach häkeln, 1 halbes Stäbchen doppeln	75
F 1	9.–11.	jedes halbe Stäbchen einfach häkeln	75
F 2	12.	(1 tiefgestochene feste Masche in die 9. Rd, 1 tiefgestochene feste Masche in die 10. Rd und 1 feste Masche in die 11. Rd einfach häkeln) Klammer noch 24-mal wiederholen	75
F 1	13. + 14.	jedes halbe Stäbchen einfach häkeln	75
		Aufgepasst! Die 1. tiefgestochene feste Masche wird immer **in** die vorherige 1. tiefgestochene feste Masche gehäkelt, damit sich ein schräg verlaufendes, gleichbleibendes Muster für den Körper ergibt.	
F 2	15.	(1 tiefgestochene feste Masche in die 12. Rd, 1 tiefgestochene feste Masche in die 13. Rd und 1 feste Masche in die 14. Rd einfach häkeln) Klammer noch 24-mal wiederholen	75
		Aufgepasst! Den Anfangsfaden von F 2 gut vernähen.	

Hals und Körper mit Schwanz (Fortsetzung)

Farbe	Runde	Beschreibung	Maschen in Runde
F 1	16. + 17.	jedes halbe Stäbchen einfach häkeln	75
F 2	18.	(1 tiefgestochene feste Masche in die 15. Rd, 1 tiefgestochene feste Masche in die 16. Rd und 1 feste Masche in die 17. Rd einfach häkeln) Klammer noch 24-mal wiederholen	75
F 1	19. + 20.	jedes halbe Stäbchen einfach häkeln	75
F 2	21.	(1 tiefgestochene feste Masche in die 18. Rd, 1 tiefgestochene feste Masche in die 19. Rd und 1 feste Masche in die 20. Rd einfach häkeln) Klammer noch 24-mal wiederholen	75
F 1	22. + 23.	jedes halbe Stäbchen einfach häkeln	75
F 2	24.	(1 tiefgestochene feste Masche in die 21. Rd, 1 tiefgestochene feste Masche in die 22. Rd und 1 feste Masche in die 23. Rd einfach häkeln) Klammer noch 24-mal wiederholen	75
F 1	25. + 26.	jedes halbe Stäbchen einfach häkeln	75
F 2	27.	(1 tiefgestochene feste Masche in die 24. Rd, 1 tiefgestochene feste Masche in die 25. Rd und 1 feste Masche in die 26. Rd einfach häkeln) Klammer noch 24-mal wiederholen	75
F 1	28.	jedes halbe Stäbchen einfach häkeln	75
		Aufgepasst! Den Faden von F 2 nach ca. 15 cm abschneiden und gut vernähen.	
F 1	29.	immer 13 halbe Stäbchen einfach häkeln, 14. + 15. halbes Stäbchen zusammen abmaschen (siehe Seite 137)	70
F 1	30.	immer 5 halbe Stäbchen einfach häkeln, 6. + 7. halbes Stäbchen zusammen abmaschen	60
F 1	31.	jedes halbe Stäbchen einfach häkeln	60
F 1	32.	immer 4 halbe Stäbchen einfach häkeln, 5. + 6. halbes Stäbchen zusammen abmaschen	50
F 1	33.	immer 3 halbe Stäbchen einfach häkeln, 4. + 5. halbes Stäbchen zusammen abmaschen	40
F 1	34.–36.	jedes halbe Stäbchen einfach häkeln	40
F 2	37.	15 einfache Stäbchen häkeln, 16. + 17., 18. + 19., 20. + 21., 22. + 23. sowie 24. + 25. einfaches Stäbchen zusammen abmaschen (siehe Seite 137), 15 einfache Stäbchen häkeln	35
		Aufgepasst! Den Anfangsfaden von F 2 gut vernähen und den Körper mit ausreichend Watte füllen. Ab jetzt wechseln sich immer halbe Stäbchenrunden mit einfachen Stäbchenrunden ab!	
F 1	38.	12 halbe Stäbchen einfach häkeln, 13. + 14., 15. + 16., 17. + 18., 19. + 20. sowie 21. + 22. halbes Stäbchen zusammen abmaschen, 13 halbe Stäbchen einfach häkeln	30
F 2	39.	einfache Stäbchen häkeln	30
F 1	40.	jede Masche einfach häkeln	30
F 2	41.	10 einfache Stäbchen häkeln, 11. + 12., 13. + 14., 15. + 16., 17. + 18. sowie 19. + 20. einfaches Stäbchen zusammen abmaschen, 10 einfache Stäbchen häkeln	25
F 1	42.	9 halbe Stäbchen einfach häkeln, 10. + 11., 12. + 13. sowie 14. + 15 halbes Stäbchen zusammen abmaschen, 10 halbe Stäbchen einfach häkeln	22

Fortsetzung nächste Seite >>

Hals und Körper mit Schwanz (Fortsetzung)

Farbe	Runde	Beschreibung	Maschen in Runde
F 2	43.	9 einfache Stäbchen häkeln, 10. + 11. sowie 12. + 13. einfaches Stäbchen zusammen abmaschen (siehe Seite 137), 9 einfache Stäbchen häkeln	20
F 1	44.	jedes halbe Stäbchen einfach häkeln	20
F 2	45.	einfache Stäbchen häkeln	20
F 1 + F 2	46. + 47.	44. + 45. Rd wiederholen	20
		Aufgepasst! Jetzt den Körper weiter mit Watte füllen.	
F 1	48.	jedes halbe Stäbchen einfach häkeln	20
F 2	49.	8 einfache Stäbchen häkeln, 9. + 10. sowie 11. + 12. einfaches Stäbchen zusammen abmaschen, 8 einfache Stäbchen häkeln	18
F 1	50.	jedes halbe Stäbchen einfach häkeln	18
F 2	51.	7 einfache Stäbchen häkeln, 8. + 9. sowie 10. + 11. einfaches Stäbchen zusammen abmaschen, 7 einfache Stäbchen häkeln	16
F 1	52.	6 halbe Stäbchen einfach häkeln, 7. + 8. sowie 9. + 10. halbes Stäbchen zusammen abmaschen (siehe Seite 134), 6 halbe Stäbchen einfach häkeln	14
F 2	53.	5 einfache Stäbchen häkeln, 6. + 7. sowie 8. + 9. einfaches Stäbchen zusammen abmaschen, 5 einfache Stäbchen häkeln	12
F 1	54.	4 halbe Stäbchen einfach häkeln, 5. + 6. sowie 7. + 8. halbes Stäbchen zusammen abmaschen, 4 halbe Stäbchen einfach häkeln	10
F 2	55.	3 einfache Stäbchen häkeln, 4. + 5. sowie 6. + 7. einfaches Stäbchen zusammen abmaschen, 3 einfache Stäbchen häkeln	8
		Aufgepasst! Den Faden von F 2 nach ca. 15 cm abschneiden, gut vernähen und den Körper komplett mit Watte füllen.	
F 1	56.	immer 2 halbe Stäbchen zusammen abmaschen	4
		Ende des Schwanzes: Den Faden nach ca. 15 cm abschneiden, durch die letzten 4 Maschen fädeln, das Loch zuziehen und den Faden gut vernähen.	

Kopf mit Rüssel

Beginn beim Rüssel. **Anfangsring** mit F 3. Runden werden geschlossen (siehe Seite 136). Fortan wird nun mit halben Stäbchen gearbeitet, die hier als „Maschen" bezeichnet werden.

Farbe	Runde	Beschreibung	Maschen in Runde
F 3	1.	in den **Anfangsring** 10 Maschen arbeiten	10
F 3	2.–4.	jede Masche einfach häkeln	10
		Aufgepasst! Nun den Anfangsfaden gut vernähen.	

Kopf mit Rüssel (Fortsetzung)

Farbe	Runde	Beschreibung	Maschen in Runde
F 3	5.	4 Maschen einfach häkeln, 1 Masche doppeln, also 2 Maschen in 1 Einstichstelle arbeiten	12
F 3	6.–8.	jede Masche einfach häkeln	12
F 3	9.	2 Maschen einfach häkeln, 1 Masche doppeln	16
F 3	10.	jede Masche einfach häkeln	16
F 3	11.	3 Maschen einfach häkeln, 1 Masche doppeln	20
F 3	12.	4 Maschen einfach häkeln, 1 Masche doppeln	24
F 3	13.	3 Maschen einfach häkeln, 1 Masche doppeln	30
F 3	14.	5 Maschen einfach häkeln, 1 Masche doppeln	35
F 3	15.	6 Maschen einfach häkeln, 1 Masche doppeln	40
F 3	16.–20.	jede Masche einfach häkeln	40
F 3	21.	immer 2 Maschen einfach häkeln, 3. + 4. Masche zusammen abmaschen	30
F 3	22.	jede Masche einfach häkeln	30
		Aufgepasst! Nun den Rüssel und den Kopf mit ausreichend Watte füllen.	
F 3	23.	immer 1 Masche einfach häkeln, 2. + 3. Masche zusammen abmaschen	20
F 3	24.	immer 2 Maschen zusammen abmaschen	10
F 3	25.	immer 2 Maschen zusammen abmaschen	5
		Ende des Kopfes: Den Faden nach ca. 45 cm abschneiden und den Kopf komplett mit Watte füllen. Nun den Faden durch die letzten 5 Maschen fädeln, das Loch oben gut zuziehen und fixieren. Den restlichen Endfaden zum Annähen des Kopfes am Körper verwenden.	

Augen

Anfangsring mit Wollresten in Weiß. Runde wird geschlossen.

Farbe	Runde	Beschreibung	Maschen in Runde
Wollreste in Weiß	1.	in den **Anfangsring** 1 feste Masche, 1 halbes Stäbchen, 2 Stäbchen, 1 doppeltes Stäbchen (siehe Seite 135), 2 Stäbchen, 1 halbes Stäbchen, 1 feste Masche häkeln	9
		Ende des Auges: Auf die Kettmasche noch 1 Luftmasche setzen und den Faden nach ca. 25 cm abschneiden. Den Anfangsfaden gut vernähen und den langen Endfaden zum Annähen an den Kopf verwenden. Anschließend noch 1 weiteres Auge häkeln.	

Pupillen

Die Pupillen werden mit Wollresten in Schwarz gehäkelt und bestehen aus 2 Knubbeln (siehe Seite 138) mit jeweils 3 oben zusammengehäkelten einfachen Stäbchen.

Bein mit Fuß

Beginn mit dem Fuß. **Anfangsring** mit F 2. Runden werden geschlossen (siehe Seite 136). Fortan wird nun mit halben Stäbchen gearbeitet, die hier als „Maschen" bezeichnet werden.

Farbe	Runde/Reihe	Beschreibung	Maschen in Runde/Reihe
F 2	1. Rd	in den **Anfangsring** 10 Maschen arbeiten	10
F 2	2. Rd	1 Masche einfach häkeln, 1 Masche doppeln, also 2 Maschen in 1 Einstichstelle arbeiten	15
F 2	3.–5. Rd	jede Masche einfach häkeln	15
		Aufgepasst! Nun den Anfangsfaden gut vernähen. Ab sofort wird in Reihen weitergehäkelt. Deshalb am Ende jeder Reihe 1 Wendeluftmasche (siehe Seite 138) nicht vergessen!	
F 2	6. R	10 Maschen einfach häkeln, 1 Wendeluftmasche häkeln und das Gehäkelte wenden	10
F 2	7. + 8. R	jede Masche einfach häkeln	10
		Damit am Ende die Ferse des Fußes entsteht, die Kanten aneinanderlegen. Anschließend den Fuß wenden, sodass die geschlossene lange Seite auf der linken Seite vor einem liegt. Die Häkelnadel mit der letzten Schlinge liegt auf der rechten Unterseite. Nun die Häkelnadel aus der Schlinge nehmen, auf der oberen Seite durch die 1. Masche stecken und die letzte Schlinge auf die Oberseite holen. Als Nächstes die Kante mit festen Maschen zusammenhäkeln. Auf die letzte feste Masche noch 1 Luftmasche häkeln, den Faden nach ca. 15 cm abschneiden und durch die Luftmasche ziehen. Oben geht es mit den Beinen in Runden weiter. Dazu den Fuß im Profil so vor sich hinlegen, dass sich die zusammengehäkelte Kante auf der rechten Seite befindet. Den Faden von F 2 in die Masche nach der Kante ziehen, 1 Luftmasche häkeln und in der gleichen Einstichstelle mit der 1. Masche der 9. Runde beginnen.	
F 2	9. + 10. Rd	jede Masche einfach häkeln	14
		Aufgepasst! Das Bein nun mit ausreichend Watte füllen.	
F 2	11. Rd	immer 2 Maschen zusammen abmaschen (siehe Seite 137)	7
		Ende des Beins: Den Faden nach ca. 25 cm abschneiden, durch die letzten 7 Maschen fädeln, das Loch gut zuziehen und fixieren. Den restlichen Endfaden zum Annähen an den Körper verwenden. Anschließend noch 3 weitere Beine häkeln.	

Deckel für den Rüssel

Beginn in der Mitte. **Anfangsring** mit F 2. Runde wird geschlossen.

Farbe	Runde	Beschreibung	Maschen in Runde
F 2	1.	in den **Anfangsring** 10 halbe Stäbchen arbeiten	10
		Ende des Deckels: Den Faden nach ca. 20 cm abschneiden, zum Annähen an den Rüssel verwenden und den Anfangsfaden gut vernähen. Mit Wollresten 2 Nasenlöcher auf den Deckel sticken und die Fäden gut vernähen.	

Ohren

Beginn an der Ohrenspitze. **Anfangsring** mit F 1. Runden werden geschlossen. Fortan wird nun mit halben Stäbchen gearbeitet, die hier als „Maschen" bezeichnet werden.

Farbe	Runde	Beschreibung	Maschen in Runde
F 1	1.	in den **Anfangsring** 4 Maschen arbeiten	4
F 1	2.	jede Masche doppeln, also 2 Maschen in 1 Einstichstelle arbeiten	8
F 1	3.	jede Masche einfach häkeln	8
		Aufgepasst! Nun den Anfangsfaden gut vernähen.	
F 1	4.	jede Masche doppeln	16
F 1	5.–9.	jede Masche einfach häkeln	16
F 1	10.	immer 2 Maschen zusammen abmaschen	8

Ende des Ohrs: Den Faden nach ca. 40 cm abschneiden, durch die letzten 8 Maschen fädeln, das Loch gut zuziehen und fixieren. Den restlichen Endfaden zum Annähen an den Körper verwenden. Anschließend noch 1 weiteres Ohr häkeln.

Fertigstellung

Den Kopf in den Körper stecken und entlang der 23. Runde des Kopfes mit dem Körper verbinden. Die Vorderbeine an der Unterseite mit einem Abstand von 9 Maschen zueinander auf Höhe der 12. bis 16. Runde festnähen. Die Hinterbeine an der Unterseite mit einem Abstand von 7 Maschen zueinander auf Höhe der 24. bis 27. Runde festnähen. Anschließend die Ohren am Hals, also am Übergang vom Kopf zum Körper, vorn mittig annähen. Nun den Deckel vorn an die Rüsselspitze nähen. Zuletzt die Pupillen an den Augen befestigen und die Augen vorn mittig auf Höhe der 11. bis 14. Runde annähen. Fertig!

Farbidee 2
F 1   555 Marine, 100 g
F 2   571 Beige, 85 g
F 3   515 Avocado, 35 g

Margot und Thomas

Unsere Namen sind: Margot und Thomas

Unser besonderes Kennzeichen: Berliner Schnauze

Haarfarben: Ocker und Beige

Unsere Traumberufe: Binnenschifferin und Kulturreferent der Stadt Weimar

Unsere Hobbys: den Schrebergarten in Schuss halten, Mikado, zusammen schwimmen

Das können wir richtig gut: die Dinge langsam angehen

Unser Lieblingsgericht: Curryschnecken mit Spreewaldgurken

Skills

Nadeln
myboshi Häkelnadel 4,5 mm,
Stick-/Vernähnadel

Material
myboshi Wolle No. 5, Wollreste
in Schwarz und Weiß, Füllwatte

Gesamtgewicht
ca. 75 g

Maschenprobe
10 × 10 cm =
14 halbe Stäbchen × 12 Reihen

Größe
Höhe   ca. 8 cm
Länge ca. 20 cm

Farbidee 1 (Margot)
Farbe 1   561 Candy Purpur, 30 g
Farbe 2   532 Signalrot, 10 g
Farbe 3   571 Beige, 25 g

Zeit
ca. 4 Stunden

Farbidee 2 (Thomas)
Farbe 1   521 Limettengrün, 30 g
Farbe 2   552 Türkis, 10 g
Farbe 3   572 Ocker, 25 g

Anleitung >>

Die Schildkröte wird mit halben Stäbchen (siehe Seite 134) gehäkelt und der 2-teilige Panzer wird später mit festen Maschen (siehe Seite 134) zusammengehäkelt.

Oberteil des Panzers

Beginn in der Kreismitte. **Anfangsring** mit F 1. Runden werden geschlossen (siehe Seite 136). Der Panzer besteht aus 10 einzelnen Kreisen, die am Ende mit festen Maschen zusammengehäkelt werden. Fortan wird nun mit halben Stäbchen gearbeitet, die hier als „Maschen" bezeichnet werden.

Farbe	Runde	Beschreibung	Maschen in Runde
F 1	1.	in den **Anfangsring** 8 Maschen arbeiten	8
F 1	2.	jede Masche doppeln, also 2 Maschen in 1 Einstichstelle arbeiten	16
		Ende des Panzeroberteils: Den Faden nach ca. 15 cm abschneiden und alle Fäden gut vernähen. Danach noch 9 weitere Kreise häkeln. Alle 10 Panzeroberteile wie auf der Zeichnung aneinanderlegen und mit festen Maschen in F 2 umhäkeln. Dabei muss an verschiedenen Stellen der Faden wieder neu angesetzt werden. Danach alle übrigen Fäden gut vernähen.	

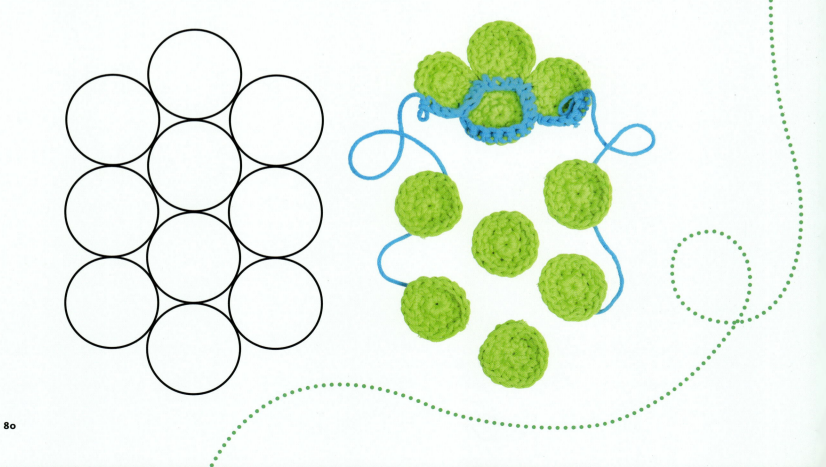

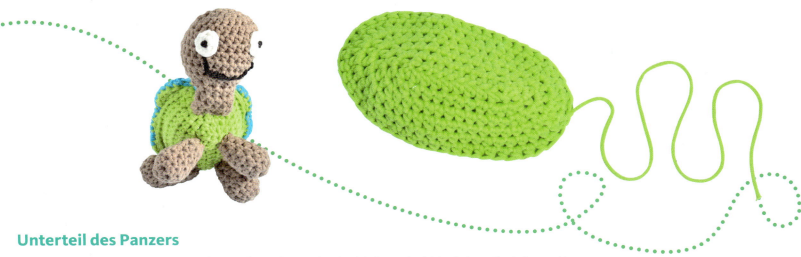

Unterteil des Panzers

Beginn in der Mitte des Panzerunterteils. 10 Luftmaschen und 1 Wendeluftmasche (siehe Seite 138) mit F 1 anschlagen.
Fortan wird nun mit halben Stäbchen gearbeitet, die hier als „Maschen" bezeichnet werden.

Farbe	Runde	Beschreibung	Maschen in Runde
F 1	1.	10 Maschen einfach häkeln, dabei jedoch nur in die hintere Luftmaschenschlinge stechen. Anschließend das Gehäkelte um 180 Grad drehen, sodass die eben gehäkelten Maschen nach unten zeigen, und erneut 10 Maschen häkeln, diesmal jedoch nur in die vordere Luftmaschenschlinge stechen.	20
		Aufgepasst! Ab sofort werden alle Runden geschlossen.	
F 1	2.	1. + 10. Masche doppeln, also 2 Maschen in 1 Einstichstelle arbeiten, alle übrigen Maschen einfach häkeln	22
F 1	3.	1. + 2. sowie 11. + 12. Masche doppeln, alle übrigen Maschen einfach häkeln	26
F 1	4.	1., 2. + 3. sowie 13., 14. + 15. Masche doppeln, alle übrigen Maschen einfach häkeln	32
F 1	5.	1., 2., 3. + 4. sowie 15., 16., 17. + 18. Masche doppeln, alle übrigen Maschen einfach häkeln	40
F 1	6.	1., 2., 3. + 4. sowie 21., 22., 23. + 24. Masche doppeln, alle übrigen Maschen einfach häkeln	48
F 1	7.	jede Masche einfach häkeln	48

Ende des Panzerunterteils: Den Faden nach ca. 50 cm abschneiden und den Anfangsfaden gut vernähen. Im Anschluss das Panzerunterteil mit ausreichend Watte füllen, das Oberteil mit der schönen Maschenseite nach oben darauflegen und beide Teile mit dem langen Endfaden zusammennähen.

Aufgepasst! Das Panzeroberteil und das Panzerunterteil schließen nicht bündig miteinander ab. **Tipp:** Wer möchte, kann für einen sauberen Übergang die Maschenhälse des Panzerunterteils der letzten Runde nach vorn umklappen und dann das Panzeroberteil annähen.

Kopf

Anfangsring mit F 3. Runden werden geschlossen (siehe Seite 136). **Tipp:** Wer möchte, kann den Kopf in der Schnecke häkeln (siehe Seite 137). Fortan wird nun mit halben Stäbchen gearbeitet, die hier als „Maschen" bezeichnet werden.

Farbe	Runde	Beschreibung	Maschen in Runde
F 3	1.	in den **Anfangsring** 8 Maschen arbeiten	8
F 3	2.	jede Masche doppeln, also 2 Maschen in 1 Einstichstelle arbeiten	16
F 3	3.	1 Masche einfach häkeln, 1 Masche doppeln	24
F 3	4.	7 Maschen einfach häkeln, 1 Masche doppeln	27
F 3	5.	jede Masche einfach häkeln	27
		Aufgepasst! Nun den Anfangsfaden gut vernähen.	
F 3	6.–8.	jede Masche einfach häkeln	27
F 3	9.	immer 1 Masche einfach häkeln, 2. + 3. Masche zusammen abmaschen (siehe Seite 137)	18
F 3	10.	immer 1 Masche einfach häkeln, 2. + 3. Masche zusammen abmaschen	12
		Aufgepasst! Nun den Kopf mit ausreichend Watte füllen, den Hals der Schildkröte nicht befüllen, dann kann er später besser angenäht werden.	
F 3	11.–13.	jede Masche einfach häkeln	12
		Ende am Hals: Den Faden nach ca. 20 cm abschneiden und später zum Annähen des Kopfes verwenden.	

Beine

Anfangsring mit F 3. Runden werden geschlossen. **Tipp:** Wer möchte, kann die Beine in der Schnecke häkeln. Fortan wird nun mit halben Stäbchen gearbeitet, die hier als „Maschen" bezeichnet werden.

Farbe	Runde	Beschreibung	Maschen in Runde
F 3	1.	in den **Anfangsring** 6 Maschen arbeiten	6
F 3	2.	jede Masche doppeln, also 2 Maschen in 1 Einstichstelle arbeiten	12
		Aufgepasst! Nun den Anfangsfaden gut vernähen.	
F 3	3.	jede Masche einfach häkeln	12
F 3	4.	immer 2 Maschen einfach häkeln, 3. + 4. Masche zusammen abmaschen	9
F 3	5. + 6.	jede Masche einfach häkeln	9
		Ende des Beins: Den Faden nach ca. 25 cm abschneiden, das Bein mit ausreichend Watte füllen und den Faden zum Annähen an den Panzer verwenden. Anschließend noch weitere 3 Beine häkeln.	

Augen

Anfangsring mit Wollresten in Weiß. Runde wird geschlossen.

Farbe	Runde	Beschreibung	Maschen in Runde
Wollreste in Weiß	1.	in den **Anfangsring** 7 halbe Stäbchen arbeiten	7
		Ende des Auges: Den Faden nach ca. 20 cm abschneiden, zum Annähen der Augen an den Kopf verwenden und den Anfangsfaden gut vernähen. Danach noch 1 weiteres Auge häkeln.	

Pupillen

Die Pupillen mit Wollresten in Schwarz auf die Augen sticken.

Fertigstellung

Zuerst den Kopf an den Panzer nähen. Dazu den Hals auf Höhe der 4. und 5. Runde des Panzerunterteils annähen und danach den Kopf nach oben umklappen und am Panzeroberteil fixieren. Als Nächstes die Augen vorn mittig aufnähen und den Mund mit schwarzen Wollresten aufsticken. Zuletzt die 4 Beine unten mittig annähen. Fertig!

Farbidee 3
F 1   542 Rose, 30 g
F 2   539 Himbeere, 10 g
F 3   571 Beige, 25 g

Egbert

Mein Name ist: Egbert

Mein besonderes Kennzeichen: graues Mäuschen im Blaumann

Haarfarbe: Silber

Mein Traumberuf: Hausmeister aus Leidenschaft

Meine Hobbys: Denksportspiele aller Art (bin recht raffiniert) und klettern

Das kann ich richtig gut: Zähne zeigen, hüpfen, für Ordnung sorgen

Meine Lieblingsgerichte: Käsefondue, Raclette

Skills

Nadeln
myboshi Häkelnadel 4,5 mm,
Stick-/Vernähnadel

Material
myboshi Wolle No. 5, Wollreste in
Weiß, Schwarz und Signalrot,
2 Knöpfe, 1 Bommel mit ca. 3 cm
Durchmesser, Füllwatte

Gesamtgewicht
ca. 170 g

Maschenprobe
10 × 10 cm =
14 halbe Stäbchen × 12 Reihen

Größe
Höhe   ca. 35 cm

Farbidee 1
Farbe 1   593 Silber, 90 g
Farbe 2   572 Ocker, 10 g
Farbe 3   559 Saphir, 35 g

Zeit
ca. 5 Stunden

Anleitung >>

Die Maus und die Latzhose, die sie trägt, werden mit halben Stäbchen (siehe Seite 134) und einfachen Stäbchen (siehe Seite 135) gehäkelt. Der Schwanz der Maus wird mit festen Maschen (siehe Seite 134) gearbeitet. Der Kopf, der Körper, die Arme und Beine, die Ohren und der Schwanz werden einzeln gehäkelt und am Ende aneinandergenäht. Zum Schluss wird die Latzhose angezogen und die Träger werden befestigt.

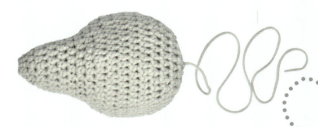

Kopf

Beginn an der Schnauze. **Anfangsring** mit F 1. Runden werden geschlossen (siehe Seite 136). **Tipp:** Wer möchte, kann den Kopf in der Schnecke häkeln (siehe Seite 137). Fortan wird nun mit halben Stäbchen gearbeitet, die hier als „Maschen" bezeichnet werden.

Farbe	Runde	Beschreibung	Maschen in Runde
F 1	1.	in den **Anfangsring** 8 Maschen arbeiten	8
F 1	2.	3 Maschen einfach häkeln, 1 Masche doppeln, also 2 Maschen in 1 Einstichstelle arbeiten	10
F 1	3.	4 Maschen einfach häkeln, 1 Masche doppeln	12
F 1	4.	1 Masche einfach häkeln, 1 Masche doppeln	18
F 1	5. + 6.	jede Masche einfach häkeln	18
F 1	7.	8 Maschen einfach häkeln, 1 Masche doppeln	20
F 1	8.	4 Maschen einfach häkeln, 1 Masche doppeln	24
F 1	9.	2 Maschen einfach häkeln, 1 Masche doppeln	32
F 1	10.	3 Maschen einfach häkeln, 1 Masche doppeln	40
F 1	11.–14.	jede Masche einfach häkeln	40
F 1	15.	immer 3 Maschen einfach häkeln, 4. + 5. Masche zusammen abmaschen (siehe Seite 137)	32
F 1	16.	immer 2 Maschen einfach häkeln, 3. + 4. Masche zusammen abmaschen	24
		Aufgepasst! Nun den Anfangsfaden gut vernähen und den Kopf mit ausreichend Watte füllen.	
F 1	17.	immer 4 Maschen einfach häkeln, 5. + 6. Masche zusammen abmaschen	20
F 1	18.	immer 2 Maschen zusammen abmaschen	10
F 1	19.	immer 2 Maschen zusammen abmaschen	5
		Ende des Kopfes: Den Faden nach ca. 25 cm abschneiden, durch die letzten 5 Maschen fädeln, das Loch oben gut zuziehen und fixieren. Den restlichen Endfaden zum Annähen am Körper verwenden.	

Körper

Beginn am Hals. **Anfangsring** mit F 1. Runden werden geschlossen. **Tipp:** Wer möchte, kann den Körper in der Schnecke häkeln. Fortan wird nun mit halben Stäbchen gearbeitet, die hier als „Maschen" bezeichnet werden.

Farbe	Runde	Beschreibung	Maschen in Runde
F 1	1.	in den **Anfangsring** 8 Maschen arbeiten	8
F 1	2.	jede Masche doppeln, also 2 Maschen in 1 Einstichstelle arbeiten	16
F 1	3.	1 Masche einfach häkeln, 1 Masche doppeln	24
F 1	4.–7.	jede Masche einfach häkeln	24
F 1	8.	2 Maschen einfach häkeln, 1 Masche doppeln	32
F 1	9.	3 Maschen einfach häkeln, 1 Masche doppeln	40
F 1	10.–12.	jede Masche einfach häkeln	40
F 1	13.	immer 2 Maschen einfach häkeln, 3. + 4. Masche zusammen abmaschen	30
F 1	14.	immer 3 Maschen einfach häkeln, 4. + 5. Masche zusammen abmaschen	24
F 1	15. + 16.	jede Masche einfach häkeln	24
		Aufgepasst! Nun den Anfangsfaden gut vernähen und den Körper mit ausreichend Watte füllen.	
F 1	17.	immer 1 Masche einfach häkeln, 2. + 3. Masche zusammen abmaschen	16
F 1	18.	immer 2 Maschen zusammen abmaschen	8
		Ende des Körpers: Den Faden nach ca. 15 cm abschneiden, durch die letzten 8 Maschen fädeln, das Loch oben gut zuziehen und den Faden gut vernähen.	

Arme

Beginn an der Schulter. **Anfangsring** mit F 1. Runden werden geschlossen (siehe Seite 136). Mit der Anfangsluftmasche erst nach ca. 20 cm beginnen, da der Arm mit dem Anfangsfaden angenäht wird. **Tipp:** Wer möchte, kann die Arme in der Schnecke häkeln (siehe Seite 137). Fortan wird nun mit halben Stäbchen gearbeitet, die hier als „Maschen" bezeichnet werden. Alle anderen Maschenarten werden genau bezeichnet.

Farbe	Runde	Beschreibung	Maschen in Runde
F 1	1.	in den **Anfangsring** 8 Maschen arbeiten	8
F 1	2.–13.	jede Masche einfach häkeln	8
		Aufgepasst! Ab der 14. Runde werden als Hände einfache Stäbchen gehäkelt. Deshalb beginnen die Runden mit 2 Luftmaschen.	
F 1	14.	1 einfaches Stäbchen häkeln, 1 einfaches Stäbchen doppeln	12
F 1	15.	einfache Stäbchen häkeln	12
F 1	16.	immer 2 einfache Stäbchen zusammen abmaschen (siehe Seite 137)	6
		Aufgepasst! Nun nur die Hand mit ausreichend Watte füllen.	
F 1	17.	immer 2 einfache Stäbchen zusammen abmaschen	3
		Ende des Arms: Den Faden nach ca. 15 cm abschneiden, durch die letzten 3 Maschen fädeln, das Loch oben gut zuziehen und den Faden vernähen. Danach noch 1 weiteren Arm häkeln.	

Ohren

Beginn in der Ohrenmitte. **Anfangsring** mit F 1. Runden werden geschlossen. Fortan wird nun mit halben Stäbchen gearbeitet, die hier als „Maschen" bezeichnet werden.

Farbe	Runde	Beschreibung	Maschen in Runde
F 1	1.	in den **Anfangsring** 8 Maschen arbeiten	8
F 1	2.	jede Masche doppeln, also 2 Maschen in 1 Einstichstelle arbeiten	16
F 1	3.	1 Masche einfach häkeln, 1 Masche doppeln	24
		Ende des Ohrs: Den Faden nach ca. 20 cm abschneiden, zum Annähen an den Körper verwenden und den Anfangsfaden gut vernähen. Nun noch 1 weiteres Ohr häkeln.	

Innenohr

Beginn in der Innenohrmitte. **Anfangsring** mit F 2. Runden werden geschlossen. Fortan wird nun mit halben Stäbchen gearbeitet, die hier als „Maschen" bezeichnet werden.

Farbe	Runde	Beschreibung	Maschen in Runde
F 2	1.	in den **Anfangsring** 8 Maschen arbeiten	8
F 2	2.	jede Masche doppeln	16
		Ende des Innenohrs: Den Faden nach ca. 20 cm abschneiden, zum Annähen an die Ohren verwenden und den Anfangsfaden gut vernähen. Nun noch 1 weiteres Innenohr häkeln.	

Beine

Beginn am Oberschenkel. **Anfangsring** mit F 1. Mit der Anfangsluftmasche erst nach ca. 20 cm beginnen, da das Bein mit dem Anfangsfaden angenäht wird. Runden werden geschlossen. **Tipp:** Wer möchte, kann die Beine in der Schnecke häkeln. Fortan wird nun mit halben Stäbchen gearbeitet, die hier als „Maschen" bezeichnet werden. Alle anderen Maschenarten werden genau bezeichnet.

Farbe	Runde	Beschreibung	Maschen in Runde
F 1	1.	in den **Anfangsring** 8 Maschen arbeiten	8
F 1	2.–9.	jede Masche einfach häkeln	8
		Aufgepasst! Ab der 10. Runde werden als Füße einfache Stäbchen gehäkelt, deshalb beginnen die Runden mit 2 Luftmaschen.	
F 1	10.	jedes einfache Stäbchen doppeln, also 2 Stäbchen in 1 Einstichstelle arbeiten	16
F 1	11. + 12.	einfache Stäbchen häkeln	16
		Aufgepasst! Nun nur den Fuß mit ausreichend Watte füllen.	
F 1	13.	immer 2 einfache Stäbchen zusammen abmaschen	8
F 1	14.	immer 2 einfache Stäbchen zusammen abmaschen	4
		Ende des Beins: Den Faden nach ca. 15 cm abschneiden, durch die letzten 4 Maschen fädeln, das Loch oben gut zuziehen und den Faden gut vernähen. Danach noch 1 weiteres Bein häkeln.	

Schwanz

20 Luftmaschen und 1 Wendeluftmasche (siehe Seite 138) mit F 1 anschlagen.

Farbe	Reihe	Beschreibung	Maschen in Reihe
F 1	1.	feste Maschen häkeln	20
		Ende des Schwanzes: Auf die letzte Masche noch 1 Luftmasche häkeln, den Faden nach ca. 20 cm abschneiden und später zum Annähen an den Körper verwenden.	

Augen

Anfangsring mit Wollresten in Weiß und 2 Luftmaschen nach der Kettmasche. Runde wird geschlossen (siehe Seite 136).

Farbe	Runde	Beschreibung	Maschen in Runde
Wollreste in Weiß	1.	in den **Anfangsring** 8 einfache Stäbchen arbeiten	8
		Ende des Auges: Die Runde in der 2. Anfangsluftmasche schließen, den Faden nach ca. 20 cm abschneiden und zum Annähen am Kopf verwenden. Anschließend den Anfangsfaden gut vernähen und noch 1 weiteres Auge häkeln.	

Pupillen

Mit schwarzem Wollrest 2 Luftmaschen anschlagen und in die 1. Luftmasche 1 feste Masche häkeln. Anschließend noch 1 Luftmasche häkeln, den Faden nach ca. 10 cm abschneiden und 1 weitere Pupille häkeln.

Nase

Für die Nase 1 Bommel (siehe Seite 138) mit F 2 und ca. 3 cm Durchmesser herstellen und den Faden lang genug lassen, um die Nase später befestigen zu können.

Latzhose

Beginn an den Hosenbeinen. **Anfangsring** mit 18 Luftmaschen in F 3. Runden werden geschlossen. Die Latzhose wird mit 2 Hosenbeinen begonnen und anschließend zu einer Hose mit festen Maschen zusammengehäkelt. Fortan wird nun mit halben Stäbchen gearbeitet, die hier als „Maschen" bezeichnet werden.

Farbe	Runde	Beschreibung	Maschen in Runde
F 3	1.	in jede Luftmasche 1 Masche einfach häkeln	18
F 3	2.–6.	jede Masche einfach häkeln	18
		Ende des 1. Hosenbeins: Den Faden nach ca. 15 cm abschneiden. Dann das 1. gehäkelte Hosenbein zur Seite legen und noch ein 2. Hosenbein auf die gleiche Weise arbeiten. Am Ende den Faden nicht abschneiden, da nun beide Hosenbeine aneinander befestigt werden. Dazu beide Hosenbeine aufeinanderlegen und anschließend 4 Maschen von beiden Hosenbeinen mit festen Maschen zusammenhäkeln. Nachdem beide Hosenbeine miteinander verbunden sind, wird in Runden weitergehäkelt.	
		Aufgepasst! Darauf achten, dass die Maschen der 7. Runde in die gleiche Häkelrichtung gehäkelt werden wie die Maschen der 6. Runde, damit das Maschenbild gleich bleibt.	

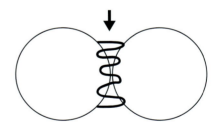

Farbe	Runde	Beschreibung	Maschen in Runde
F 3	7.	jede Masche einfach häkeln	28
F 3	8.	1 Masche einfach häkeln, 1 Masche doppeln, also 2 Maschen in 1 Einstichstelle arbeiten	42
F 3	9.	6 Maschen einfach häkeln, 1 Masche doppeln	48
F 3	10.	immer 9 Maschen einfach häkeln, 10. + 11. Masche zusammen abmaschen (siehe Seite 137)	44
F 3	11.	jede Masche einfach häkeln	44
F 3	12.	immer 9 Maschen einfach häkeln, 10. + 11. Masche zusammen abmaschen	40
		Ende am Hosenbund: Den Faden nach ca. 15 cm abschneiden und alle Fäden gut vernähen.	

Latz

Beginn am Hosenbund. Die fertig gehäkelte Hose nun so vor sich hinlegen, dass die Naht hinten mittig auf der Rückseite und die Hosenbeine gerade liegen. Nun in die 2. Masche von rechts außen stechen, den Faden durchholen, 1 Luftmasche und in die gleiche Einstichstelle 1 halbes Stäbchen häkeln und mit der 1. Reihe beginnen. Fortan wird nun mit halben Stäbchen gearbeitet, die hier als „Maschen" bezeichnet werden.

Farbe	Reihe	Beschreibung	Maschen in Reihe
F 3	1.	noch 15 weitere Maschen einfach häkeln	16
		Aufgepasst! Am Ende jeder Reihe die Wendeluftmasche (siehe Seite 138) nicht vergessen!	
F 3	2.	1. + 2. Masche zusammen abmaschen (siehe Seite 137), alle übrigen Maschen einfach häkeln	15
F 3	3.	1. + 2. sowie 3. + 4. Masche zusammen abmaschen, alle übrigen Maschen einfach häkeln	13
F 3	4.	1. + 2. sowie 3. + 4. Masche zusammen abmaschen, alle übrigen Maschen einfach häkeln	11
		Ende der Hose: Auf die letzte Masche noch 1 Luftmasche häkeln und den Faden nach ca. 15 cm abschneiden. Anschließend alle Fäden gut vernähen. **Tipp:** Wer möchte, kann die Latzhose an der oberen Kante und entlang des Latzes noch mit festen Maschen umhäkeln.	

Träger

24 Luftmaschen und 1 Wendeluftmasche mit F 3 anschlagen. Mit der Anfangsluftmasche erst nach ca. 20 cm beginnen, da der Faden später zum Annähen an die Latzhose benötigt wird. Fortan wird nun mit halben Stäbchen gearbeitet, die hier als „Maschen" bezeichnet werden.

Farbe	Reihe	Beschreibung	Maschen in Reihe
F 3	1.	jede Masche einfach häkeln	24
		Ende des Trägers: Nach der 24. Masche noch 3 Luftmaschen häkeln (die Anzahl der Luftmaschen richtet sich nach der Größe der Knöpfe) und die kleine Luftmaschenkette mit 1 Kettmasche in die Luftmasche befestigen. Den Faden nach ca. 15 cm abschneiden und gut vernähen. Danach noch 1 weiteren Träger häkeln.	

Tasche

Beginn an der unteren Kante der Tasche. 10 Luftmaschen und 1 Wendeluftmasche mit F 3 anschlagen. **Aufgepasst!** Am Ende jeder Reihe die Wendeluftmasche nicht vergessen! Fortan wird nun mit halben Stäbchen gearbeitet, die hier als „Maschen" bezeichnet werden.

Farbe	Reihe	Beschreibung	Maschen in Reihe
F 3	1.–5.	jede Masche einfach häkeln	10

Ende der Tasche: Den Faden nach ca. 25 cm abschneiden und zum Annähen der Tasche an der Latzhose verwenden. Den Anfangsfaden gut vernähen.

Fertigstellung

Zuerst die beiden Innenohren an die Ohren und die Pupillen an die Augen nähen. Dann die Ohren, die Augen und die Nase am Kopf befestigen und den Mund mit Wollresten in Rot aufsticken. Danach den Kopf am Körper annähen. Dazu den Endfaden vom Kopf bis zur entsprechenden Stelle durch die letzten Runden des Kopfes fädeln. Nun die Arme auf Höhe der 3. und 4. Runde des Körpers und die Beine unten mittig befestigen. Den Schwanz hinten auf Höhe der 13. Runde annähen. Als Nächstes die Tasche vorn und die Träger mit der geraden Seite und einem Abstand von ca. 5 Maschen zueinander hinten an die Latzhose nähen. Abschließend am Vorderteil der Hose noch 2 Knöpfe anbringen, der Maus die Latzhose anziehen, die Träger hinten überkreuzen und vorn an den Knöpfen einhängen. Fertig!

Farbidee 2
F 1 594 Titangrau, 90 g
F 2 595 Anthrazit, 10 g
F 3 562 Magenta, 35 g

Farbidee Latzhose
F 3 552 Türkis, 35 g

Nele

Mein Name ist:	Nele
Meine besonderen Kennzeichen:	dickes Fell, Damenbart
Haarfarbe:	Anthrazit
Meine Traumberufe:	Polarforscherin, Rettungsschwimmerin
Meine Hobbys:	Ballspiele, Klatschreime mit Walross Horst
Das kann ich richtig gut:	pfeifen, Luft anhalten (bis zu 2 Stunden)
Meine Lieblingsgerichte:	Meeresfrüchtesalat und frittierte Calamari

Skills

Nadeln
myboshi Häkelnadel 4,5 mm,
Stick-/Vernähnadel

Material
myboshi Wolle No. 5, Wollreste
in Schwarz, Füllwatte

Gesamtgewicht
ca. 215 g

Maschenprobe
10 × 10 cm =
14 halbe Stäbchen × 12 Reihen

Größe
Länge   ca. 45 cm
⌀ Körper   ca. 16 cm

Farbidee 1
Farbe 1   595 Anthrazit, 150 g
Farbe 2   593 Silber, 25 g

Zeit
ca. 4,5 Stunden

Anleitung ››

Die Robbe besteht aus dem Körper mit Kopf, dem Bauch, der Schnauze, verschiedenen Flossen und den Augen. Jedes Teil wird separat und mit halben Stäbchen (siehe Seite 134) gehäkelt. Am Ende werden alle Einzelteile aneinandergenäht.

Körper mit Kopf

Beginn mit dem Kopf. **Anfangsring** mit F 1. Runden werden geschlossen (siehe Seite 136). Fortan wird nun mit halben Stäbchen gearbeitet, die hier als „Maschen" bezeichnet werden.

Farbe	Runde	Beschreibung	Maschen in Runde
F 1	1.	in den **Anfangsring** 9 Maschen arbeiten	9
F 1	2.	jede Masche doppeln, also 2 Maschen in 1 Einstichstelle arbeiten	18
F 1	3.	1 Masche einfach häkeln, 1 Masche doppeln	27
F 1	4.	jede Masche einfach häkeln	27
F 1	5.	2 Maschen einfach häkeln, 1 Masche doppeln	36
F 1	6.	3 Maschen einfach häkeln, 1 Masche doppeln	45
F 1	7.–10.	jede Masche einfach häkeln	45
F 1	11.	immer 3 Maschen einfach häkeln, 4. + 5. Masche zusammen abmaschen (siehe Seite 137)	36
F 1	12.	immer 2 Maschen einfach häkeln, 3. + 4. Masche zusammen abmaschen	27
		Aufgepasst! Nun den Anfangsfaden gut vernähen.	
F 1	13.	jede Masche einfach häkeln	27
F 1	14.	2 Maschen einfach häkeln, 1 Masche doppeln	36
F 1	15.	1 Masche einfach häkeln, 1 Masche doppeln	54
F 1	16.–18.	jede Masche einfach häkeln	54
F 1	19.	8 Maschen einfach häkeln, 1 Masche doppeln	60
F 1	20.–26.	jede Masche einfach häkeln	60
F 1	27.	immer 8 Maschen einfach häkeln, 9. + 10. Masche zusammen abmaschen	54
F 1	28.	7. + 8., 15. + 16., 25. + 26. sowie 45. + 46. Masche zusammen abmaschen, alle übrigen Maschen einfach häkeln	50
F 1	29.	immer 3 Maschen einfach häkeln, 4. + 5. Masche zusammen abmaschen	40
F 1	30.–32.	jede Masche einfach häkeln	40
F 1	33.	immer 2 Maschen einfach häkeln, 3. + 4. Masche zusammen abmaschen	30
		Aufgepasst! Nun den Kopf und den Körper mit ausreichend Watte füllen.	

Körper mit Kopf (Fortsetzung)

Farbe	Runde	Beschreibung	Maschen in Runde
F 1	34.–36.	jede Masche einfach häkeln	30
F 1	37.	immer 1 Masche einfach häkeln, 2. + 3. Masche zusammen abmaschen	20
F 1	38.	jede Masche einfach häkeln	20
F 1	39.	immer 2 Maschen zusammen abmaschen	10

Ende des Körpers: Den Faden nach ca. 15 cm abschneiden und den Körper komplett mit Watte füllen. Nun den Faden durch die letzten 10 Maschen fädeln, das Loch oben gut zuziehen und den Faden gut vernähen.

Schwanzflosse

Beginn am Ende der Schwanzflosse. **Anfangsring** mit F 1. Runden werden geschlossen. Die Schwanzflosse besteht aus 2 Teilen, die separat gehäkelt und danach zusammengenäht werden. Fortan wird nun mit halben Stäbchen gearbeitet, die hier als „Maschen" bezeichnet werden.

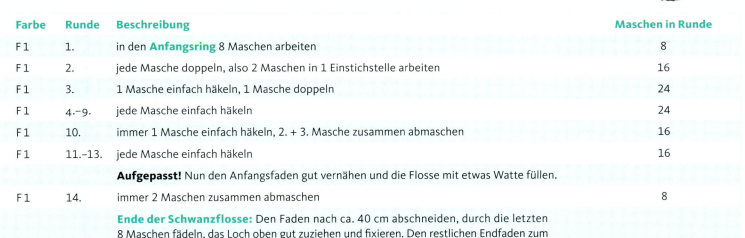

Farbe	Runde	Beschreibung	Maschen in Runde
F 1	1.	in den **Anfangsring** 8 Maschen arbeiten	8
F 1	2.	jede Masche doppeln, also 2 Maschen in 1 Einstichstelle arbeiten	16
F 1	3.	1 Masche einfach häkeln, 1 Masche doppeln	24
F 1	4.–9.	jede Masche einfach häkeln	24
F 1	10.	immer 1 Masche einfach häkeln, 2. + 3. Masche zusammen abmaschen	16
F 1	11.–13.	jede Masche einfach häkeln	16
		Aufgepasst! Nun den Anfangsfaden gut vernähen und die Flosse mit etwas Watte füllen.	
F 1	14.	immer 2 Maschen zusammen abmaschen	8

Ende der Schwanzflosse: Den Faden nach ca. 40 cm abschneiden, durch die letzten 8 Maschen fädeln, das Loch oben gut zuziehen und fixieren. Den restlichen Endfaden zum Annähen der Flosse an den Körper verwenden. Anschließend noch 1 weitere Flosse häkeln.

Seitenflossen

Beginn am Ende der Seitenflosse. **Anfangsring** mit F 1. Runden werden geschlossen. Fortan wird nun mit halben Stäbchen gearbeitet, die hier als „Maschen" bezeichnet werden.

Farbe	Runde	Beschreibung	Maschen in Runde
F 1	1.	in den **Anfangsring** 4 Maschen arbeiten	4
F 1	2.	jede Masche doppeln, also 2 Maschen in 1 Einstichstelle arbeiten	8

Fortsetzung nächste Seite >>

Seitenflossen (Fortsetzung)

Farbe	Runde	Beschreibung	Maschen in Runde
F 1	3.	jede Masche doppeln	16
		Aufgepasst! Nun den Anfangsfaden gut vernähen.	
F 1	4.–10.	jede Masche einfach häkeln	16
F 1	11.	immer 2 Maschen einfach häkeln, 3. + 4. Masche zusammen abmaschen (siehe Seite 137)	12
F 1	12.	immer 1 Masche einfach häkeln, 2. + 3. Masche zusammen abmaschen	8
F 1	13.	immer 2 Maschen zusammen abmaschen	4
		Ende der Seitenflosse: Den Faden nach ca. 25 cm abschneiden, durch die letzten 4 Maschen fädeln, das Loch oben gut zuziehen und fixieren. Den restlichen Endfaden zum Annähen der Seitenflosse an den Körper verwenden. Anschließend noch 1 weitere Seitenflosse häkeln.	

Schnauze

Anfangsring mit F 2. Runden werden geschlossen (siehe Seite 136). Fortan wird nun mit halben Stäbchen gearbeitet, die hier als „Maschen" bezeichnet werden.

Farbe	Runde	Beschreibung	Maschen in Runde
F 2	1.	in den **Anfangsring** 6 Maschen arbeiten	6
F 2	2.	jede Masche doppeln, also 2 Maschen in 1 Einstichstelle arbeiten	12
F 2	3. + 4.	jede Masche einfach häkeln	12
		Aufgepasst! Nun den Anfangsfaden gut vernähen.	
F 2	5.	immer 2 Maschen zusammen abmaschen	6
F 2	6.	jede Masche doppeln	12
F 2	7. + 8.	jede Masche einfach häkeln	12
F 2	9.	immer 2 Maschen zusammen abmaschen	6
F 2	10.	immer 2 Maschen zusammen abmaschen	3
		Ende der Schnauze: Den Faden nach ca. 40 cm abschneiden, durch die letzten 3 Maschen fädeln, das Loch oben gut zuziehen und fixieren. Den restlichen Endfaden später zum Annähen der Schnauze an den Kopf verwenden.	

Augen

Für die Augen mit Wollresten in Schwarz 2 Knubbel mit 2 oben zusammengehäkelten einfachen Stäbchen (siehe Seite 135) herstellen.

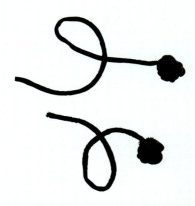

Bauch

Beginn des Bauches am Hals. 6 Luftmaschen und 1 Wendeluftmasche (siehe Seite 138) mit F 2 anschlagen. **Aufgepasst!** Am Ende einer Reihe die Wendeluftmasche nicht vergessen! Fortan wird mit halben Stäbchen gearbeitet, die hier als „Maschen" bezeichnet werden.

Farbe	Reihe	Beschreibung	Maschen in Reihe
F 2	1.	jede Masche einfach häkeln	6
F 2	2.	1. + 6. Masche doppeln, also 2 Maschen in 1 Einstichstelle arbeiten, alle übrigen 4 Maschen einfach häkeln	8
F 2	3.	4. + 5. Masche doppeln, alle übrigen Maschen einfach häkeln	10
F 2	4.	1. + 10. Masche doppeln, alle übrigen 8 Maschen einfach häkeln	12
F 2	5.	6. + 7. Masche doppeln, alle übrigen Maschen einfach häkeln	14
F 2	6.	1. + 14. Masche doppeln, alle übrigen 12 Maschen einfach häkeln	16
F 2	7.–18.	jede Masche einfach häkeln	16
F 2	19.	2. + 3. sowie 14. + 15. Masche zusammen abmaschen, alle übrigen Maschen einfach häkeln	14
F 2	20.	6. + 7. sowie 8. + 9. Masche zusammen abmaschen, alle übrigen Maschen einfach häkeln	12
F 2	21.	2. + 3. sowie 10. + 11. Masche zusammen abmaschen, alle übrigen Maschen einfach häkeln	10
F 2	22.	4. + 5. sowie 6. + 7. Masche zusammen abmaschen, alle übrigen Maschen einfach häkeln	8
F 2	23.	2. + 3. sowie 6. + 7. Masche zusammen abmaschen, alle übrigen Maschen einfach häkeln	6
F 2	24.	jede Masche einfach häkeln	6

Ende des Bauches: Den Faden nach ca. 1 m abschneiden und später zum Annähen an den Körper verwenden.

Fertigstellung

Zuerst die beiden Schwanzflossenteile aneinandernähen und danach an das Körperende nähen. Nun den Körper so vor sich hinlegen, dass der Kopf nach oben zeigt. Als Nächstes die Seitenflosse platt drücken, mit dem spitzen Ende nach oben an der linken Körperseite an der 16. Runde anlegen und die Flosse entlang der rechten Kante bis ca. zur 18. Runde des Körpers festnähen. Anschließend die 2. Seitenflosse auf die gleiche Weise auf der rechten Körperseite annähen. Danach die Robbe mit der Oberseite nach unten hinlegen und den Bauch annähen. Dazu zuerst den Anfangsfaden des Bauches gut vernähen und danach den langen Endfaden zum Befestigen des Bauches am Körper verwenden. Nun die Schnauze mit schwarzen Wollresten besticken und Schnauzbarthaare anknoten. Anschließend die Schnauze vorn am Kopf annähen und die Augen darüber befestigen. Zum Schluss die Seitenflossen mit F 2 besticken. Fertig!

Farbidee 2
F 1   555 Marine, 150 g
F 2   593 Silber, 25 g

Mein Name ist:	# Emma
Meine besonderen Kennzeichen:	Streifenoutfit, praktischer Irokesen-Haarschnitt
Haarfarbe:	Schwarz-Weiß
Mein Traumberuf:	auf Streife gehen
Meine Hobbys:	Karaoke singen und Grimassen schneiden
Das kann ich richtig gut:	auffallen, schnell laufen (bis zu 35 km/h)
Meine Lieblingsgerichte:	grüne Smoothies und Spinat

Skills

Nadeln
myboshi Häkelnadel 4,5 mm,
Stick-/Vernähnadel

Material
myboshi Wolle No. 5, Füllwatte

Gesamtgewicht
ca. 225 g

Maschenprobe
10 × 10 cm =
14 halbe Stäbchen × 12 Reihen

Größe
Höhe (sitzend)   ca. 26 cm
⌀ Körper   ca. 13 cm
Länge   ca. 32 cm

Farbidee 1
Farbe 1   571 Beige, 25 g
Farbe 2   591 Weiß, 75 g
Farbe 3   596 Schwarz, 75 g

Zeit
ca. 8 Stunden

Anleitung >>

Das Zebra besteht aus dem Körper, den Beinen, dem Schwanz, dem Kopf, dem Hals, den Ohren und den Augen, die separat mit festen Maschen (siehe Seite 134), halben Stäbchen (siehe Seite 134) und einfachen Stäbchen (siehe Seite 135) gehäkelt werden. Am Ende werden alle Teile an den Körper genäht und die Haare angeknüpft (siehe Seite 138).

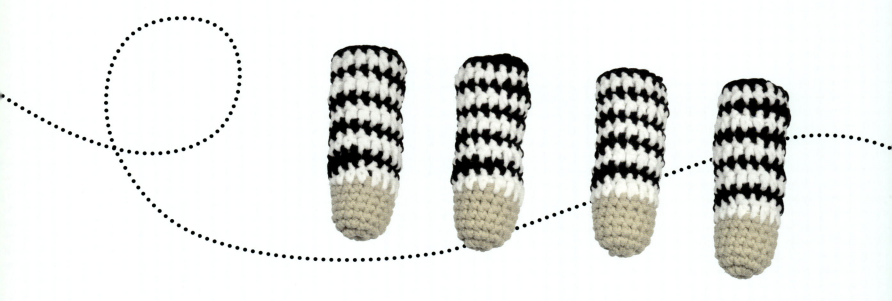

Beine

Beginn unten am Fuß. **Anfangsring** mit F1. Runden werden geschlossen (siehe Seite 136). **Aufgepasst!** Bei Runden mit einfachen Stäbchen werden zu Beginn 2 Luftmaschen gehäkelt, sonst bei halben Stäbchen oder festen Maschen 1 Luftmasche. Fortan wird nun mit einfachen Stäbchen gearbeitet, die hier als „Stäbchen" bezeichnet werden. Alle anderen Maschenarten werden genau bezeichnet.

Farbe	Runde	Beschreibung	Maschen in Runde
F1	1.	in den **Anfangsring** 8 feste Maschen arbeiten	8
F1	2.	jede feste Masche doppeln, also 2 feste Maschen in 1 Einstichstelle arbeiten	16
F1	3.–6.	feste Maschen häkeln	16
		Aufgepasst! Nun den Anfangsfaden gut vernähen.	
F2	7.	3 feste Maschen, 3 halbe Stäbchen, 4 Stäbchen, 3 halbe Stäbchen und 3 feste Maschen einfach häkeln	16
F3	8.	2 Stäbchen, 3 halbe Stäbchen, 6 feste Maschen, 3 halbe Stäbchen und 2 Stäbchen einfach häkeln	16
F2 + F3	9.–16.	7. + 8. Rd 4-mal wiederholen	16
		Ende der Beine: Den Faden nach ca. 25 cm abschneiden und zum Annähen an den Körper verwenden. Anschließend noch 3 weitere Beine häkeln.	

Körper

Anfangsring mit F 2. Runden werden geschlossen. Fortan wird nun mit einfachen Stäbchen gearbeitet, die hier als „Stäbchen" bezeichnet werden. Alle anderen Maschenarten werden genau bezeichnet.

Farbe	Runde	Beschreibung	Maschen in Runde
F 2	1.	in den **Anfangsring** 10 halbe Stäbchen arbeiten	10
F 2	2.	jedes halbe Stäbchen doppeln, also 2 halbe Stäbchen in 1 Einstichstelle arbeiten	20
F 2	3.	1 halbes Stäbchen einfach häkeln, 1 halbes Stäbchen doppeln	30
F 2	4.	2 halbe Stäbchen einfach häkeln, 1 halbes Stäbchen doppeln	40
F 2	5.	3 halbe Stäbchen einfach häkeln, 1 halbes Stäbchen doppeln	50
F 3	6.	15 feste Maschen, 5 halbe Stäbchen, 10 Stäbchen, 5 halbe Stäbchen und 15 feste Maschen einfach häkeln	50
		Aufgepasst! Nun beide Anfangsfäden gut vernähen.	
F 2	7.	halbe Stäbchen häkeln	50
F 3	8.	15 Stäbchen, 5 halbe Stäbchen, 10 feste Maschen, 5 halbe Stäbchen und 15 Stäbchen einfach häkeln	50
F 2	9.	halbe Stäbchen häkeln	50
F 3 + F 2	10.–21.	6.–9. Rd 3-mal wiederholen	50
F 3	22.	6. Rd wiederholen	50
F 2	23.	immer 3 halbe Stäbchen einfach häkeln, 4. + 5. halbes Stäbchen zusammen abmaschen (siehe Seite 137)	40
F 3	24.	immer 2 halbe Stäbchen einfach häkeln, 3. + 4. halbes Stäbchen zusammen abmaschen	30
F 2	25.	immer 1 halbes Stäbchen einfach häkeln, 2. + 3. halbes Stäbchen zusammen abmaschen	20
		Aufgepasst! Nun den Faden von F 2 nach ca. 15 cm abschneiden, gut vernähen und den Körper mit ausreichend Watte füllen.	
F 3	26.	immer 2 Maschen zusammen abmaschen	10
F 3	27.	halbe Stäbchen häkeln	10
		Ende des Körpers: Den Faden nach ca. 25 cm abschneiden, durch die letzten 10 Maschen fädeln, das Loch zuziehen und den Faden gut vernähen.	

Schwanz

Anfangsring mit F 2. Runden werden geschlossen (siehe Seite 136). Mit der Anfangsluftmasche erst nach ca. 20 cm beginnen, da mit dem Faden später der Schwanz an den Körper genäht wird.

Farbe	Runde	Beschreibung	Maschen in Runde
F 2	1.	in den **Anfangsring** 5 halbe Stäbchen arbeiten	5
F 2	2.	halbe Stäbchen häkeln	5
F 3	3.	halbe Stäbchen häkeln	5
F 2 + F 3	4.–13.	2. + 3. Rd 5-mal wiederholen	5
F 3	14.	halbe Stäbchen häkeln	5
		Ende des Schwanzes: Den Faden nach ca. 15 cm abschneiden, durch die letzten 5 halben Stäbchen fädeln, das Loch gut zuziehen und den Faden vernähen. Nun 6 Fäden von F 3 mit ca. 15 cm Länge abschneiden, am Ende durch den Schwanz knüpfen (siehe Seite 138) und frisieren.	

Kopf

Beginn an der Schnauze. **Anfangsring** mit F 1. Runden werden geschlossen. Fortan wird nun mit einfachen Stäbchen gearbeitet, die hier als „Stäbchen" bezeichnet werden. Alle anderen Maschenarten werden genau bezeichnet.

Farbe	Runde	Beschreibung	Maschen in Runde
F 1	1.	in den **Anfangsring** 10 halbe Stäbchen arbeiten	10
F 1	2.	jedes halbe Stäbchen doppeln, also 2 halbe Stäbchen in 1 Einstichstelle arbeiten	20
F 1	3.	1 halbes Stäbchen einfach häkeln, 1 halbes Stäbchen doppeln	30
F 1	4.	4 halbe Stäbchen einfach häkeln, 1 halbes Stäbchen doppeln	36
F 1	5.–7.	halbe Stäbchen häkeln	36
F 1	8.	immer 2 halbe Stäbchen einfach häkeln, 3. + 4. halbes Stäbchen zusammen abmaschen (siehe Seite 137)	27
F 1	9.	halbe Stäbchen häkeln	27
F 2	10. + 11.	halbe Stäbchen häkeln	27
F 3	12.	(1 feste Masche, 2 halbe Stäbchen, 3 Stäbchen, 2 halbe Stäbchen und 1 feste Masche einfach häkeln) Klammer noch 2-mal wiederholen	27
F 2	13.	(1 Stäbchen, 2 halbe Stäbchen, 3 feste Maschen, 2 halbe Stäbchen und 1 Stäbchen einfach häkeln) Klammer noch 2-mal wiederholen	27
F 3 + F 2	14.–17.	12. + 13. Rd 2-mal wiederholen	27
		Aufgepasst! Nun die Fäden von F 1 und F 3 nach ca. 15 cm abschneiden und alle nicht mehr benötigten Fäden gut vernähen. Dann den Kopf mit ausreichend Watte füllen.	
F 2	18.	immer 1 halbes Stäbchen einfach häkeln, 2. + 3. halbes Stäbchen zusammen abmaschen	18
F 2	19.	immer 2 halbe Stäbchen zusammen abmaschen	9
F 2	20.	halbe Stäbchen häkeln	9
		Ende des Kopfes: Den Faden nach ca. 25 cm abschneiden, durch die letzten 9 halben Stäbchen ziehen, das Loch gut zuziehen und fixieren. Den restlichen Endfaden von F 2 zum Annähen des Kopfes am Körper verwenden.	

Hals

Beginn am unteren Ende des Halses. **Anfangsring** mit 25 Luftmaschen und F 2. Runden werden geschlossen (siehe Seite 136). Mit der Anfangsluftmasche erst nach ca. 25 cm beginnen, da der Faden später zum Annähen des Halses am Körper verwendet wird.

Farbe	Runde	Beschreibung	Maschen in Runde
F 2	1.	in jede Luftmasche 1 halbes Stäbchen häkeln	25
F 2	2.	halbe Stäbchen häkeln	25
F 3	3.	halbe Stäbchen häkeln	25
F 2	4.	halbe Stäbchen häkeln	25
		Ende des Halses: Den Faden nach ca. 25 cm abschneiden und zum Annähen des Halses am Kopf verwenden.	

Ohren

Beginn am unteren Ende der Ohren. 3 Luftmaschen und 1 Wendeluftmasche (siehe Seite 138) mit F 2 anschlagen. **Aufgepasst!** Am Ende jeder Reihe die Wendeluftmasche nicht vergessen.

Farbe	Reihe	Beschreibung	Maschen in Reihe
F 2	1.–3.	halbe Stäbchen häkeln	3
F 2	4.	1. + 2. halbes Stäbchen zusammen abmaschen, 1 halbes Stäbchen einfach häkeln	2
F 2	5.	die letzten beiden halben Stäbchen zusammen abmaschen (siehe Seite 137)	1
		Ende an der Ohrenspitze: Den Faden nach ca. 15 cm abschneiden und beide Fäden gut vernähen. Nun mit F 3 das Ohr mit festen Maschen umhäkeln und den Faden zum Annähen an den Körper verwenden. Danach noch 1 weiteres Ohr häkeln.	

Augen

Für die Augen mit F 3 jeweils 1 **Anfangsring** herstellen.

Haare

Mit F 2 und F 3 mehrere ca. 8 cm lange Fäden abschneiden und als Mähne am Kopf und am Hals entlang bis zum Körper anknüpfen (siehe Seite 138).

Fertigstellung

Zuerst die Ohren auf Höhe der 17. Runde und die Augen mittig auf Höhe der 10. und 11. Runde des Kopfes annähen. Als Nächstes den Hals am Kopf annähen, mit Watte füllen, danach am Körper festnähen und die Haare anknüpfen. Die Beine mit Watte füllen und unten am Körper annähen. Den Schwanz am Ende des Körpers befestigen. Fertig!

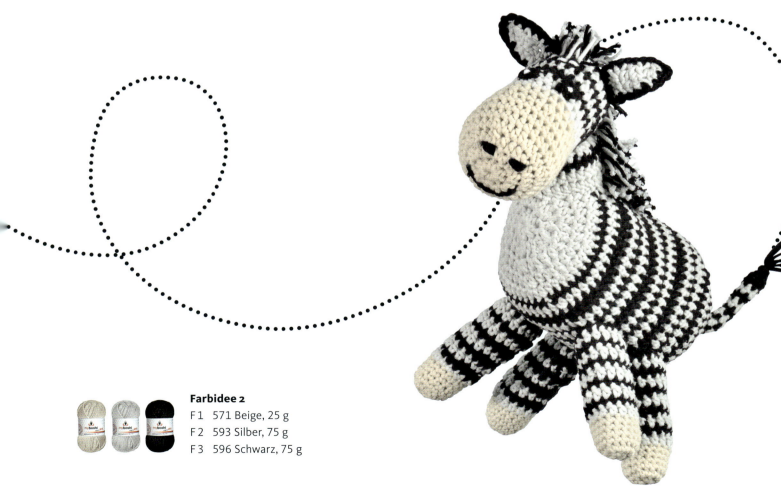

Farbidee 2

F 1   571 Beige, 25 g
F 2   593 Silber, 75 g
F 3   596 Schwarz, 75 g

Berta

Mein Name ist: **Berta**

Meine besonderen Kennzeichen: pompöse Figur mit imposantem Gebiss

Haarfarbe: Aschgrau (ähnlich wie Titangrau)

Mein Traumberuf: Porzellanladenbesitzerin

Mein Hobby: Wellness im Schwimmbad

Das kann ich richtig gut: einen bleibenden Eindruck hinterlassen

Mein Lieblingsgericht: vegetarische Hausmannskost

Skills

Nadeln
myboshi Häkelnadel 4,5 mm,
Stick-/Vernähnadel

Material
myboshi Wolle No. 5, Füllwatte,
schwarze Wollreste für die Augen

Gesamtgewicht
ca. 350 g

Maschenprobe
10 × 10 cm =
14 halbe Stäbchen × 12 Reihen

Größe
Höhe   ca. 24 cm
Breite   ca. 18 cm
Länge   ca. 34 cm

Farbidee 1
Farbe 1   594 Titangrau, 190 g
Farbe 2   593 Silber, 10 g

Zeit
ca. 6 Stunden

Anleitung >>

Der Elefant besteht aus dem Körper mit Kopf und Rüssel, den Beinen, den Ohren, den Stoßzähnen, den Augen, den Zehen und dem Schwanz. Alle Teile werden mit halben Stäbchen (siehe Seite 134), einfachen Stäbchen (siehe Seite 135) und festen Maschen (siehe Seite 134) gehäkelt und am Ende zusammen- bzw. aneinandergenäht.

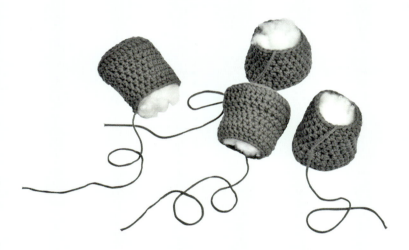

Beine

Beginn in der Fußsohlenmitte. **Anfangsring** mit F 1. Runden werden geschlossen (siehe Seite 136). **Tipp:** Wer möchte, kann die Beine in der Schnecke häkeln (siehe Seite 137). Fortan wird nun mit halben Stäbchen gearbeitet, die hier als „Maschen" bezeichnet werden.

Farbe	Runde	Beschreibung	Maschen in Runde
F 1	1.	in den **Anfangsring** 10 Maschen arbeiten	10
F 1	2.	jede Masche doppeln, also 2 Maschen in 1 Einstichstelle arbeiten	20
F 1	3.	1 Masche einfach häkeln, 1 Masche doppeln	30
F 1	4.	2 Maschen einfach häkeln, 1 Masche doppeln	40
		Aufgepasst! Nun den Anfangsfaden gut vernähen.	
F 1	5.	jede Masche einfach häkeln, dabei jedoch nur in die hintere Maschenschlinge stechen	40
F 1	6.	immer 3 Maschen einfach häkeln, 4. + 5. Masche zusammen abmaschen (siehe Seite 137)	32
F 1	7.	immer 2 Maschen einfach häkeln, 3. + 4. Masche zusammen abmaschen	24
F 1	8.–12.	jede Masche einfach häkeln	24
		Ende des Beins: Den Faden nach ca. 30 cm abschneiden und später zum Zusammenhäkeln der Beine verwenden. Nun noch 3 weitere Beine häkeln.	

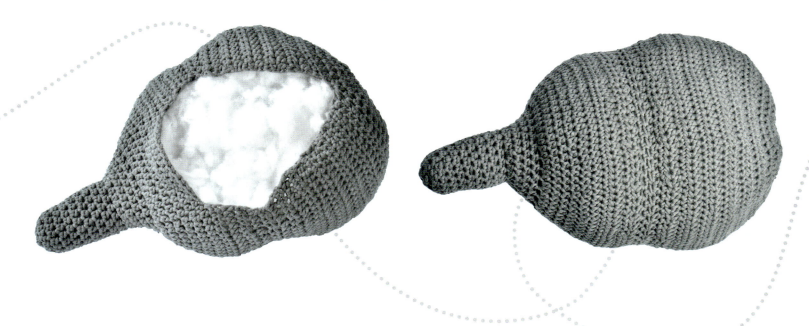

Körper mit Kopf und Rüssel

Beginn am Rüssel. **Anfangsring** mit F 1. Runden werden geschlossen. Der Körper besteht aus dem Rüssel, dem Kopf und dem Körper und wird in einem Stück gehäkelt. **Tipp:** Wer möchte, kann den Körper in der Schnecke häkeln. Fortan wird nun mit halben Stäbchen gearbeitet, die hier als „Maschen" bezeichnet werden.

Farbe	Runde/Reihe	Beschreibung	Maschen in Runde/Reihe
F 1	1. Rd	in den **Anfangsring** 8 Maschen arbeiten	8
F 1	2. Rd	jede Masche doppeln, also 2 Maschen in 1 Einstichstelle arbeiten	16
F 1	3. Rd	jede Masche einfach häkeln	16
		Aufgepasst! Nun den Anfangsfaden gut vernähen.	
F 1	4.–10. Rd	jede Masche einfach häkeln	16
F 1	11. Rd	1 Masche einfach häkeln, 1 Masche doppeln	24
F 1	12.–14. Rd	jede Masche einfach häkeln	24
		Aufgepasst! Jetzt den Rüssel mit etwas Watte füllen.	
F 1	15. Rd	jede Masche doppeln, dabei jedoch nur in die vordere Maschenschlinge stechen	48
F 1	16. + 17. Rd	jede Masche einfach häkeln	48
F 1	18. Rd	2 Maschen einfach häkeln, 1 Masche doppeln	64
F 1	19. Rd	3 Maschen einfach häkeln, 1 Masche doppeln	80
F 1	20. Rd	jede Masche einfach häkeln	80
		Aufgepasst! Nach der 20. Runde vorerst nur noch in Hin- und Rückreihen weiterarbeiten. Dazu am Ende jeder Reihe 1 Wendeluftmasche (siehe Seite 138) häkeln und die Arbeit wenden.	

Fortsetzung nächste Seite >>

Körper mit Kopf und Rüssel (Fortsetzung)

Farbe	Runde/Reihe	Beschreibung	Maschen in Runde/Reihe
F 1	21. R	65 Maschen einfach häkeln	65
F 1	22. R	jede Masche einfach häkeln	65
F 1	23. R	immer 3 Maschen einfach häkeln, 4. + 5. Masche zusammen abmaschen (siehe Seite 137)	52
F 1	24. R	immer 2 Maschen einfach häkeln, 3. + 4. Masche zusammen abmaschen	39
F 1	25. R	jede Masche einfach häkeln	39
F 1	26. R	2 Maschen einfach häkeln, 1 Masche doppeln	52
F 1	27. R	3 Maschen einfach häkeln, 1 Masche doppeln	65
F 1	28. R	4 Maschen einfach häkeln, 1 Masche doppeln	78
F 1	29.–34. R	jede Masche einfach häkeln	78
F 1	35. R	immer 4 Maschen einfach häkeln, 5. + 6. Masche zusammen abmaschen	65
F 1	36. + 37. R	jede Masche einfach häkeln	65
F 1	38. R	immer 3 Maschen einfach häkeln, 4. + 5. Masche zusammen abmaschen	52
		Aufgepasst! Nach der 38. Reihe wird wieder in Runden weitergehäkelt!	
F 1	39. + 40. Rd	jede Masche einfach häkeln	52
F 1	41. Rd	immer 2 Maschen einfach häkeln, 3. + 4. Masche zusammen abmaschen	39
F 1	42. Rd	immer 2 Maschen zusammen abmaschen und die letzte Masche einfach häkeln	20
F 1	43. Rd	immer 2 Maschen zusammen abmaschen	10
F 1	44. Rd	immer 2 Maschen zusammen abmaschen	5
F 1	45. Rd	immer 2 Maschen zusammen abmaschen und die letzte Masche einfach häkeln	3
		Ende des Körpers: Den Faden nach ca. 15 cm abschneiden, durch die letzte Luftmasche ziehen und gut vernähen.	

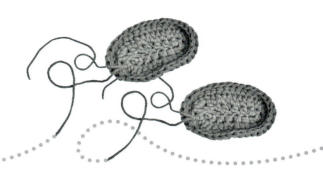

Ohren

Beginn in der Mitte der Ohren. 6 Luftmaschen und 1 Wendeluftmasche (siehe Seite 138) mit F 1 anschlagen. **Aufgepasst!** Die Ohren werden mit doppeltem Faden, also 2-fädig gehäkelt. Runden werden geschlossen (siehe Seite 136). **Tipp:** Wer möchte, kann die Ohren in der Schnecke häkeln (siehe Seite 137). Fortan wird nun mit halben Stäbchen gearbeitet, die hier als „Maschen" bezeichnet werden.

Farbe	Runde	Beschreibung	Maschen in Runde
F 1	1.	Maschen vorerst nur in die hintere Luftmaschenschlinge häkeln, dabei die 1. und die 6. Masche doppeln, also 2 Maschen in 1 Einstichstelle arbeiten. Nun das Gehäkelte um 180 Grad drehen, sodass die eben gehäkelten Maschen nach unten zeigen, erneut die 1. und die 6. Masche doppeln, dabei aber nur in die vordere Luftmaschenschlinge häkeln.	16
F 1	2.	jede Masche doppeln	32
F 1	3.	jede Masche einfach häkeln	32
		Aufgepasst! Damit die typische Ohrform entsteht, jetzt keine komplette Runde häkeln.	
F 1	4.	in die 1. Masche der Vorrunde 2 einfache Stäbchen häkeln, 1 einfaches Stäbchen in die 2. Masche der Vorrunde und 1 Masche in die 3. Masche der Vorrunde häkeln	4

Ende des Ohrs: Die Runde mit 1 Kettmasche in die nächste Einstichstelle beenden, den Faden nach ca. 25 cm abschneiden und zum Annähen an den Körper verwenden. Den Anfangsfaden gut vernähen und anschließend noch 1 weiteres Ohr häkeln.

Schwanz

Beginn am Schwanzanfang. 10 Luftmaschen und 1 Wendeluftmasche mit F 1 anschlagen. Fortan wird nun mit halben Stäbchen gearbeitet, die hier als „Maschen" bezeichnet werden.

Farbe	Reihe	Beschreibung	Maschen in Reihe
F 1	1.	jede Masche einfach häkeln	10

Ende des Schwanzes: Den Faden nach ca. 15 cm abschneiden und gut vernähen. Nun 6 ca. 12 cm lange Fadenstücke abschneiden, durch die letzte Masche des Schwanzes knüpfen (siehe Seite 138) und nach Wunsch frisieren.

Zehen

Beginn in der Mitte der Zehennägel. **Anfangsring** mit F 2. Fortan wird nun mit halben Stäbchen gearbeitet, die hier als „Maschen" bezeichnet werden.

Farbe	Runde	Beschreibung	Maschen in Runde
F 2	1.	in den **Anfangsring** 5 Maschen arbeiten	5
		Aufgepasst! Die Runde wird am Ende nicht geschlossen, damit die Zehen eine halbrunde Form haben.	
		Ende des Zehs: Auf die letzte Masche noch 1 Luftmasche setzen, den Faden nach ca. 25 cm abschneiden, durch die Kettmasche ziehen und zum Annähen an die Beine verwenden. Den Anfangsfaden gut vernähen und danach noch 11 weitere Zehen häkeln.	

Stoßzähne

Beginn am Anfang der Stoßzähne. **Anfangsring** mit F 2. Runden werden geschlossen (siehe Seite 136). Fortan wird nun mit halben Stäbchen gearbeitet, die hier als „Maschen" bezeichnet werden.

Farbe	Runde	Beschreibung	Maschen in Runde
F 2	1.	in den **Anfangsring** 5 Maschen arbeiten	5
F 2	2. + 3.	jede Masche einfach häkeln	5
F 2	4.	1., 3. + 5. Masche doppeln, alle übrigen Maschen einfach häkeln	8
		Ende des Stoßzahns: Den Faden nach ca. 25 cm abschneiden, zum Annähen an den Körper verwenden und den Anfangsfaden gut vernähen. Danach noch 1 weiteren Stoßzahn häkeln und bei Bedarf beide mit etwas Watte füllen.	

Augen

Für die Augen mit Wollresten in Schwarz 2 **Anfangsringe** herstellen.

Deckel des Rüssels

Anfang in der Mitte des Deckels. **Anfangsring** mit F 2. Runde wird geschlossen. Fortan wird nun mit halben Stäbchen gearbeitet, die hier als „Maschen" bezeichnet werden.

Farbe	Runde	Beschreibung	Maschen in Runde
F 2	1.	in den **Anfangsring** 8 Maschen arbeiten	8
		Ende des Deckels: Den Faden nach ca. 20 cm abschneiden, zum Annähen an den Rüssel verwenden und den Anfangsfaden gut vernähen.	

Fertigstellung

Zuerst die 4 Beine entsprechend der Skizze mit festen Maschen aneinanderhäkeln. Nun die Beine, den Kopf und den Körper mit ausreichend Watte füllen und die Beine am Körper festnähen. Die Ohren am Übergang vom Kopf zum Körper auf Höhe der 22. Reihe des Körpers annähen. Die Augen auf Höhe der 16. und 17. Runde annähen und die Stoßzähne rechts und links neben dem Rüssel ca. 4 Maschen unter den Augen befestigen. Danach jeweils 3 Zehen pro Bein und den Schwanz mit einem Extrafaden von F 1 am Körperende annähen. Abschließend noch den Deckel vorn am Rüssel festnähen. Fertig!

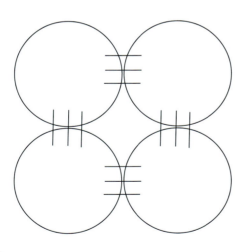

Farbidee 2
F 1   550 Wolke, 190 g
F 2   593 Silber, 10 g

Mein Name ist:	# Frieda
Meine besonderen Kennzeichen:	langer Körper, viele Füße
Haarfarbe:	Saphirblau
Mein Traumberuf:	Vorzeigeschmetterling im botanischen Garten
Meine Hobbys:	Seidenmalerei, viel im Grünen unternehmen, Schuhe kaufen
Das kann ich richtig gut:	zubeißen und zunehmen
Mein Lieblingsgericht:	scharfes Löwenzahn-Dürüm mit Zwiebeln

Skills

Nadeln
myboshi Häkelnadel 4,5 mm,
Stick-/Vernähnadel

Material
myboshi Wolle No. 5, Wollreste
in Schwarz und Weiß, Füllwatte

Gesamtgewicht
ca. 215 g

Maschenprobe
10 × 10 cm =
14 halbe Stäbchen × 12 Reihen

Größe
Länge   ca. 80 cm
◯ große Kugel   ca. 8 cm
◯ mittlere Kugel ca. 6 cm
◯ kleine Kugel   ca. 5 cm

Farbidee 1
Farbe 1   521 Limettengrün, 25 g
Farbe 2   522 Grasgrün, 25 g
Farbe 3   532 Signalrot, 25 g
Farbe 4   531 Orange, 25 g
Farbe 5   559 Saphir, 25 g
Farbe 6   513 Löwenzahn, 25 g
Farbe 7   550 Wolke, 25 g

Zeit
ca. 4 Stunden

Anleitung >>

Die Raupe besteht aus einzelnen Kugeln, die mit halben Stäbchen (siehe Seite 134) gehäkelt und am Ende aneinandergenäht werden. Die kleinen Füßchen aus Knubbeln (siehe Seite 138) runden die Raupe ab.

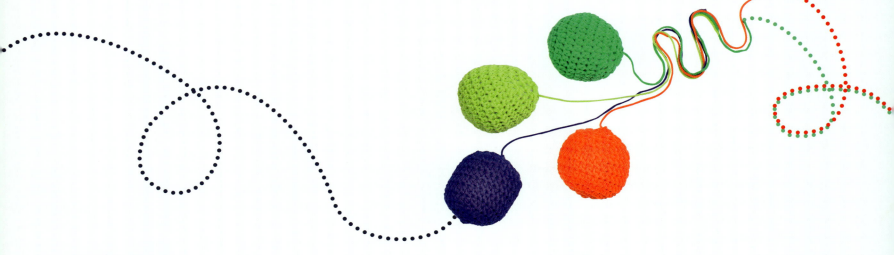

Große Kugel

Beginn in der Mitte der großen Kugel. **Anfangsring** mit F 1. Runden werden geschlossen (siehe Seite 136). Fortan wird nun mit halben Stäbchen gearbeitet, die hier als „Maschen" bezeichnet werden.

Farbe	Runde	Beschreibung	Maschen in Runde
F 1	1.	in den **Anfangsring** 8 Maschen arbeiten	8
F 1	2.	jede Masche doppeln, also 2 Maschen in 1 Einstichstelle arbeiten	16
F 1	3.	1 Masche einfach häkeln, 1 Masche doppeln	24
F 1	4.	2 Maschen einfach häkeln, 1 Masche doppeln	32
F 1	5.–8.	jede Masche einfach häkeln	32
F 1	9.	immer 2 Maschen einfach häkeln, 3. + 4. Masche zusammen abmaschen (siehe Seite 137)	24
F 1	10.	immer 1 Masche einfach häkeln, 2. + 3. Masche zusammen abmaschen	16
		Aufgepasst! Nun den Anfangsfaden gut vernähen und die Kugel mit ausreichend Watte füllen.	
F 1	11.	immer 2 Maschen zusammen abmaschen	8
F 1	12.	immer 2 Maschen zusammen abmaschen	4
		Ende der großen Kugel: Den Faden nach ca. 40 cm abschneiden, durch die letzten 4 Maschen fädeln, das Loch oben gut zuziehen und fixieren. Den restlichen Endfaden zum Aneinandernähen der Kugeln verwenden. Anschließend mit den Farben F 2 bis F 5 jeweils 1 große Kugel häkeln. Zuletzt noch 1 große Kugeln häkeln, die mit F 6 beginnt und in der sich die Farben F 6 und F 7 von Runde zu Runde abwechseln.	

Mittlere Kugel

Beginn in der Mitte der mittleren Kugel. **Anfangsring** mit F 1. Runden werden geschlossen. Fortan wird nun mit halben Stäbchen gearbeitet, die hier als „Maschen" bezeichnet werden.

Farbe	Runde	Beschreibung	Maschen in Runde
F 1	1.	in den **Anfangsring** 8 Maschen arbeiten	8
F 1	2.	jede Masche doppeln, also 2 Maschen in 1 Einstichstelle arbeiten	16
F 1	3.	1 Masche einfach häkeln, 1 Masche doppeln	24
F 1	4.–6.	jede Masche einfach häkeln	24
F 1	7.	immer 1 Masche einfach häkeln, 2. + 3. Masche zusammen abmaschen	16
		Aufgepasst! Nun den Anfangsfaden gut vernähen und die Kugel mit ausreichend Watte füllen.	
F 1	8.	immer 2 Maschen zusammen abmaschen	8
		Ende der mittleren Kugel: Den Faden nach ca. 40 cm abschneiden, durch die letzten 8 Maschen fädeln, das Loch oben gut zuziehen und fixieren. Den restlichen Endfaden zum Aneinandernähen der Kugeln verwenden. Anschließend mit den Farben F2 bis F6 jeweils 1 mittlere Kugel häkeln.	

Kleine Kugel

Beginn in der Mitte der kleinen Kugel. **Anfangsring** mit F 7. Runden werden geschlossen (siehe Seite 136). Fortan wird nun mit halben Stäbchen gearbeitet, die hier als „Maschen" bezeichnet werden.

Farbe	Runde	Beschreibung	Maschen in Runde
F 7	1.	in den **Anfangsring** 6 Maschen arbeiten	6
F 6	2.	jede Masche doppeln, also 2 Maschen in 1 Einstichstelle arbeiten	12
F 7	3.	1 Masche einfach häkeln, 1 Masche doppeln	18
F 6 + F 7	4.–6.	jede Masche einfach häkeln, die Farben wechseln sich nach jeder Rd ab	18
F 7	7.	immer 1 Masche einfach häkeln, 2. + 3. Masche zusammen abmaschen (siehe Seite 137)	12
		Aufgepasst! Nun den Anfangsfaden gut vernähen und die Kugel mit ausreichend Watte füllen.	
F 6	8.	immer 2 Maschen zusammen abmaschen	6
		Ende der kleinen Kugel: Den Faden nach ca. 40 cm abschneiden, durch die letzten 6 Maschen fädeln, das Loch oben gut zuziehen und fixieren. Den restlichen Endfaden zum Aneinandernähen der Kugeln verwenden.	

Füße

Für die Füße 24 Knubbel mit 6 oben zusammengehäkelten einfachen Stäbchen (siehe Seite 135) mit F 7 herstellen.

Augen

Anfangsring mit Wollresten in Weiß. Runde wird geschlossen.

Farbe	Runde	Beschreibung	Maschen in Runde
Wollreste in Weiß	1.	in den **Anfangsring** 6 halbe Stäbchen arbeiten	6
		Ende des Auges: Den Faden nach ca. 20 cm abschneiden, zum Annähen der Augen an den Kopf verwenden und den Anfangsfaden gut vernähen. Danach noch 1 weiteres Auge häkeln.	

Pupillen

Für 1 Pupille 2 Luftmaschen mit Wollresten in Schwarz anschlagen. In die 1. Luftmasche 1 feste Masche und danach 1 Luftmasche häkeln. Den Faden nach ca. 15 cm abschneiden und durch die Luftmasche ziehen. Anschließend noch 1 weitere Pupille häkeln.

Kugelreihenfolge

Farbe	Kugel
F 6	mittel
F 2	groß
F 1	mittel
F 3	groß
F 5	mittel
F 4	groß
F 6 + F 7	groß
F 2	mittel
F 3	mittel
F 1	groß
F 5	groß
F 4	mittel
F 7 + F 6	klein

Fertigstellung

Zuerst alle Kugeln der Reihenfolge nach jeweils mit der 2. Runde aneinandernähen. Nun die Raupe auf die Unterseite drehen und pro Kugel 2 Füße anknoten. Abschließend den Mund und die Haare aufsticken und die Augen annähen. Fertig!

Farbidee 2
F 1   531 Orange, 25 g
F 2   561 Candy Purpur, 25 g
F 3   550 Wolke, 25 g

F 4   591 Weiß, 25 g
F 5   552 Türkis, 25 g
F 6   571 Beige, 25 g
F 7   554 Petrol, 25 g

Mein Name ist: **Felix**

Meine besonderen Kennzeichen: extrem verschmust

Haarfarbe: Ocker

Meine Traumberufe: Imker, Fischer in Alaska

Meine Hobbys: Nickerchen machen und kuscheln

Das kann ich richtig gut: mir die Sonne auf den Bauch scheinen lassen, im Bett liegen bleiben

Mein Lieblingsgericht: Obstsalat mit Honig

Skills

Nadeln
myboshi Häkelnadeln 6,0 mm
und 4,5 mm, Stick-/Vernähnadel

Material
myboshi Wolle No. 5, Wollreste
in Schwarz, Füllwatte

Gesamtgewicht
ca. 260 g

Maschenprobe
10 × 10 cm =
14 halbe Stäbchen × 12 Reihen

Größe
Höhe (sitzend)   ca. 28 cm
Höhe (gesamt)   ca. 40 cm

Farbidee 1
Farbe 1   572 Ocker, 135 g
Farbe 2   571 Beige, 10 g
Farbe 3   574 Kakao, 15 g
Farbe 4   523 Smaragd, 25 g
Farbe 5   520 Eisbonbon, 25 g

Zeit
ca. 5 Stunden

Anleitung >>

Der Teddybär besteht aus dem Kopf, dem Körper, den Armen und Beinen, den Ohren mit Innenohren und der Schnauze. Alle Teile werden mit halben Stäbchen (siehe Seite 134) gehäkelt. Bei den Innenohren und der Schnauze kommen noch feste Maschen (siehe Seite 134) hinzu. Der Schal wird mit doppeltem Faden und halben Stäbchen gehäkelt.

Kopf

Beginn oben am Kopf. **Anfangsring** mit F1. Runden werden geschlossen (siehe Seite 136). **Tipp:** Wer möchte, kann den Kopf auch in der Schnecke häkeln (siehe Seite 137). Fortan wird nun mit halben Stäbchen gearbeitet, die hier als „Maschen" bezeichnet werden.

Farbe	Runde	Beschreibung	Maschen in Runde
F 1	1.	in den **Anfangsring** 10 Maschen arbeiten	10
F 1	2.	jede Masche doppeln, also 2 Maschen in 1 Einstichstelle arbeiten	20
F 1	3.	1 Masche einfach häkeln, 1 Masche doppeln	30
F 1	4.	2 Maschen einfach häkeln, 1 Masche doppeln	40
		Aufgepasst! Nun den Anfangsfaden gut vernähen.	
F 1	5.	3 Maschen einfach häkeln, 1 Masche doppeln	50
F 1	6.–9.	jede Masche einfach häkeln	50
F 1	10.	immer 3 Maschen einfach häkeln, 4. + 5. Masche zusammen abmaschen (siehe Seite 137)	40
F 1	11.	jede Masche einfach häkeln	40
F 1	12.	immer 2 Maschen einfach häkeln, 3. + 4. Masche zusammen abmaschen	30
F 1	13. + 14.	jede Masche einfach häkeln	30
F 1	15.	immer 1 Masche einfach häkeln, 2. + 3. Masche zusammen abmaschen	20
F 1	16.	immer 2 Maschen zusammen abmaschen	10
		Ende des Kopfes: Den Faden nach ca. 30 cm abschneiden und den Kopf mit ausreichend Watte füllen. Anschließend den Faden durch die letzten 10 Maschen fädeln, das Loch oben gut zuziehen und fixieren. Den restlichen Endfaden zum Annähen am Körper verwenden.	

Körper

Beginn am Hals. **Anfangsring** mit F 1. Runden werden geschlossen. **Tipp:** Wer möchte, kann den Körper auch in der Schnecke häkeln. Fortan wird nun mit halben Stäbchen gearbeitet, die hier als „Maschen" bezeichnet werden.

Farbe	Runde	Beschreibung	Maschen in Runde
F 1	1.	in den **Anfangsring** 10 Maschen arbeiten	10
F 1	2.	jede Masche doppeln, also 2 Maschen in 1 Einstichstelle arbeiten	20
F 1	3.	1 Masche einfach häkeln, 1 Masche doppeln	30
F 1	4.	2 Maschen einfach häkeln, 1 Masche doppeln	40
		Aufgepasst! Nun den Anfangsfaden gut vernähen.	
F 1	5.–11.	jede Masche einfach häkeln	40
F 1	12.	3 Maschen einfach häkeln, 1 Masche doppeln	50
F 1	13.–15.	jede Masche einfach häkeln	50
F 1	16.	4 Maschen einfach häkeln, 1 Masche doppeln	60
F 1	17.	5 Maschen einfach häkeln, 1 Masche doppeln	70
F 1	18.	jede Masche einfach häkeln	70
F 1	19.	immer 5 Maschen einfach häkeln, 6. + 7. Masche zusammen abmaschen	60
F 1	20.	immer 4 Maschen einfach häkeln, 5. + 6. Masche zusammen abmaschen	50
F 1	21.	immer 3 Maschen einfach häkeln, 4. + 5. Masche zusammen abmaschen	40
		Aufgepasst! Jetzt den Körper mit ausreichend Watte füllen.	
F 1	22.	immer 2 Maschen zusammen abmaschen	20
F 1	23.	jede Masche einfach häkeln	20
F 1	24.	immer 2 Maschen zusammen abmaschen	10
		Ende des Körpers: Den Faden nach ca. 15 cm abschneiden und den Körper komplett mit Watte füllen. Anschließend den Faden durch die letzten 10 Maschen fädeln, das Loch oben gut zuziehen und den Faden gut vernähen.	

Arme

Beginn an der Pfote. **Anfangsring** mit F 3. Runden werden geschlossen (siehe Seite 136). Fortan wird nun mit halben Stäbchen gearbeitet, die hier als „Maschen" bezeichnet werden.

Farbe	Runde	Beschreibung	Maschen in Runde
F 3	1.	in den **Anfangsring** 8 Maschen arbeiten	8
F 3	2.	jede Masche doppeln, also 2 Maschen in 1 Einstichstelle arbeiten	16
F 3	3.	3 Maschen einfach häkeln, 1 Masche doppeln	20
F 1	4. + 5.	jede Masche einfach häkeln	20
		Aufgepasst! Nun den Faden von F 3 nach ca. 15 cm abschneiden und alle nicht mehr benötigten Fäden gut vernähen.	
F 1	6.	immer 3 Maschen einfach häkeln, 4. + 5. Masche zusammen abmaschen (siehe Seite 137)	16
F 1	7.	immer 2 Maschen einfach häkeln, 3. + 4. Masche zusammen abmaschen	12
F 1	8.	immer 4 Maschen einfach häkeln, 5. + 6. Masche zusammen abmaschen	10
		Aufgepasst! Jetzt die Pfote mit etwas Watte füllen.	
F 1	9.–19.	jede Masche einfach häkeln	10
F 1	20.	immer 2 Maschen zusammen abmaschen	5
		Ende des Arms: Den Faden nach ca. 25 cm abschneiden, durch die letzten 5 Maschen fädeln, das Loch oben gut zuziehen und fixieren. Den restlichen Endfaden zum Annähen am Körper verwenden. Anschließend noch 1 weiteren Arm häkeln.	

Beine

Beginn am Fuß. **Anfangsring** mit F 3. Runden werden geschlossen. Fortan wird nun mit halben Stäbchen gearbeitet, die hier als „Maschen" bezeichnet werden.

Farbe	Runde	Beschreibung	Maschen in Runde
F 3	1.	in den **Anfangsring** 10 Maschen arbeiten	10
F 3	2.	jede Masche doppeln, also 2 Maschen in 1 Einstichstelle arbeiten	20
F 3	3.	1 Masche einfach häkeln, 1 Masche doppeln	30
F 1	4.–6.	jede Masche einfach häkeln	30
		Aufgepasst! Nun den Faden von F 3 nach ca. 15 cm abschneiden und alle nicht mehr benötigten Fäden gut vernähen.	
F 1	7.	immer 4 Maschen einfach häkeln, 5. + 6. Masche zusammen abmaschen	25
F 1	8.	immer 3 Maschen einfach häkeln, 4. + 5. Masche zusammen abmaschen	20
F 1	9.	immer 3 Maschen einfach häkeln, 4. + 5. Masche zusammen abmaschen	16
F 1	10.	immer 6 Maschen einfach häkeln, 7. + 8. Masche zusammen abmaschen	14
		Aufgepasst! Jetzt den Fuß mit etwas Watte füllen.	
F 1	11.–17.	jede Masche einfach häkeln	14
F 1	18.	immer 2 Maschen zusammen abmaschen	7
		Ende des Beins: Den Faden nach ca. 25 cm abschneiden, durch die letzten 7 Maschen fädeln, das Loch oben gut zuziehen und fixieren. Den restlichen Endfaden zum Annähen an den Körper verwenden. Anschließend noch 1 weiteres Bein häkeln.	

Ohren

Beginn an der Ohrenspitze. **Anfangsring** mit F 1. Runden werden geschlossen. Fortan wird nun mit halben Stäbchen gearbeitet, die hier als „Maschen" bezeichnet werden.

Farbe	Runde	Beschreibung	Maschen in Runde
F 1	1.	in den **Anfangsring** 8 Maschen arbeiten	8
F 1	2.	1 Masche einfach häkeln, 1 Masche doppeln, also 2 Maschen in 1 Einstichstelle arbeiten	12
F 1	3.	1 Masche einfach häkeln, 1 Masche doppeln	18
F 1	4.	jede Masche einfach häkeln	18
F 1	5.	immer 1 Masche einfach häkeln, 2. + 3. Masche zusammen abmaschen	12
		Ende des Ohrs: Den Faden nach ca. 25 cm abschneiden, zum Annähen an den Körper verwenden und den Anfangsfaden gut vernähen. Anschließend noch 1 weiteres Ohr häkeln.	

Innenohr

Beginn unten in der Mitte. **Anfangsring** mit F 2. Fortan wird nun mit halben Stäbchen gearbeitet, die hier als „Maschen" bezeichnet werden. Alle anderen Maschenarten werden genau bezeichnet.

Farbe	Reihe	Beschreibung	Maschen in Reihe
F 2	1.	in den **Anfangsring** 6 Maschen arbeiten	6
		Aufgepasst! Um die halbrunde Form der Innenohren zu erhalten, die 1. Reihe nicht schließen. Auf die letzte Masche 1 Wendeluftmasche (siehe Seite 138) häkeln und das Gehäkelte wenden.	
F 2	2.	6 feste Maschen häkeln	6
		Ende des Innenohrs: Den Anfangsfaden gut vernähen. Den Endfaden nach ca. 20 cm abschneiden und zum Befestigen des Innenohrs am Ohr verwenden. Anschließend noch 1 weiteres Innenohr häkeln.	

Schnauze

Beginn vorn in der Mitte. **Anfangsring** mit F 2. Runden werden geschlossen (siehe Seite 136). Fortan wird nun mit halben Stäbchen gearbeitet, die hier als „Maschen" bezeichnet werden. Alle anderen Maschenarten werden genau bezeichnet.

Farbe	Runde	Beschreibung	Maschen in Runde
F 2	1.	in den **Anfangsring** 12 Maschen arbeiten	12
F 2	2.	jede Masche doppeln, also 2 Maschen in 1 Einstichstelle arbeiten	24
F 2	3.	2 Maschen doppeln, 8 Maschen einfach häkeln, 4 Maschen doppeln, 8 Maschen einfach häkeln, 2 Maschen doppeln	32
F 2	4.	1 Masche doppeln, 12 Maschen einfach häkeln, 1 Masche doppeln, 1 Masche einfach häkeln, 1 Masche doppeln, 14 Maschen einfach häkeln, 1 Masche doppeln, 1 Masche einfach häkeln	36
F 2	5.	feste Maschen häkeln	36
		Ende der Schnauze: Den Faden nach ca. 50 cm abschneiden, zum Annähen an den Körper verwenden und den Anfangsfaden gut vernähen.	

Schal

Aufgepasst! Der Schal wird 2-fädig gehäkelt. Dazu jeweils 1 Faden von F 4 und 1 Faden von F 5 nehmen. 6 Luftmaschen und 1 Wendeluftmasche (siehe Seite 138) mit F 4 und F 5 anschlagen. **Aufgepasst!** Die 1 Wendeluftmasche am Ende der Reihe nicht vergessen! Fortan wird nun mit halben Stäbchen gearbeitet, die hier als „Maschen" bezeichnet werden.

Farbe	Reihe	Beschreibung	Maschen in Reihe
F 4 + F 5	1.–50.	jede Masche einfach häkeln	6
		Ende des Schals: Auf die letzte Masche noch 1 Luftmasche häkeln, den Faden nach ca. 15 cm abschneiden und durch die Luftmasche ziehen. Am Ende auf beiden Seiten die gewünschte Anzahl an ca. 15 cm langen Fransen anknüpfen (siehe Seite 138).	24

Fertigstellung

Zuerst die beiden Innenohren an die Ohren nähen und die Ohren rechts und links auf Höhe der 4. und 7. Runde senkrecht am Kopf festnähen. Anschließend den Kopf und den Körper verbinden. Nun die Arme auf Höhe der 2. und 3. Runde und die Beine auf Höhe der 21. bis 23. Runde des Körpers annähen. Jetzt die Schnauze am Kopf festnähen. Dazu die Schnauze mit der letzten Masche der 4. Runde rechts am Kopf anlegen und rundherum festnähen. Kurz vor dem Beenden des Nähvorgangs die Schnauze mit ausreichend Watte füllen. Danach die Schnauze fertig annähen. Nun die Augen mit Wollresten in Schwarz und den Mund mit F 3 auf das Gesicht sticken. Zuletzt den Schal um den Hals legen. Fertig!

Farbidee 2

F 1   571 Beige, 135 g
F 2   593 Silber, 10 g
F 3   574 Kakao, 15 g
F 4   539 Himbeere, 25 g
F 5   537 Aprikose, 25 g

Know-how

Alles, was du für deinen Häkelzoo brauchst

HÄKELN

- Der Anfang bzw. die Handhaltung beim Häkeln — **132**
- Die Kettmasche — **133**
- Der Anfangsring — **133**
- Die Kennzeichnung des Rundenanfangs — **133**
- Faden mit in die letzte Masche der Runde einhäkeln — **134**
- Die feste Masche — **134**
- Das halbe Stäbchen — **134**
- Das einfache Stäbchen — **135**
- Das doppelte Stäbchen — **135**
- Maschenbündel mit unterschiedlichen Maschenarten — **135**
- Die 1. Runde im Anfangsring — **136**
- Runden werden geschlossen mit Farbwechsel oder Rundenwechsel — **136**
- Feste Maschen zusammen abmaschen — **137**
- Halbe Stäbchen zusammen abmaschen — **137**
- Einfache Stäbchen zusammen abmaschen — **137**
- In der Schnecke häkeln — **137**
- Die Wendeluftmasche — **138**
- Knubbel mit unterschiedlicher Maschenanzahl — **138**
- Haare oder Fransen anknüpfen — **138**
- Eine Bommel herstellen — **138–139**
- Schlaufen mit festen Maschen — **139**
- Der doppelte Luftmaschenanschlag — **140**
- Die Maschenprobe für No. 5 – wie sieht eine Masche aus — **141**

VIDEOS zu den beschriebenen Grundanleitungen findest du hier: www.selfmade-boshi.com/Knowhow

HÄKELN

Der Anfang bzw. die Handhaltung beim Häkeln

1. Den Faden um den Zeigefinger der linken Hand legen.

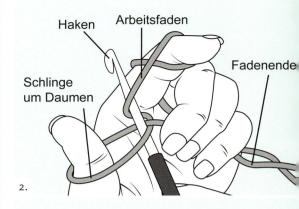

2. Im 2. Schritt das Fadenende von vorn um den Daumen legen, damit eine Schlinge entsteht. In die Schlinge wird nun von unten mit der Häkelnadel eingestochen, der Arbeitsfaden wird mit dem Haken aufgenommen und nach unten durchgezogen. Jetzt den Daumen aus der Schlinge nehmen und das Fadenende anziehen. Darauf achten, dass der Arbeitsfaden auf der Nadel bleibt, wenn man diese durch die Daumenschlinge zieht.

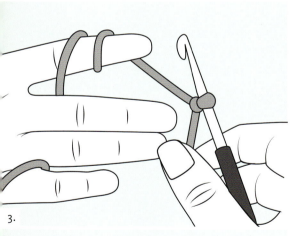

3. Den Arbeitsfaden um die Finger der linken Hand legen. Das reguliert die Fadenspannung während des Häkelns. Hält man die Finger fest zusammen, läuft der Faden schwerer. Bei lockerer Haltung gleitet er hindurch.

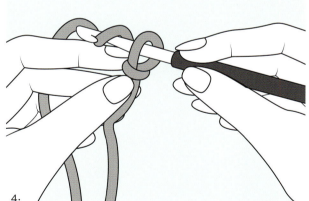

4. Die Anfangsluftmasche mit dem Daumen und dem Mittelfinger festhalten und den Faden durch die Schlinge ziehen.

5. Fortan wiederholen, bis die gewünschte Anzahl an Luftmaschen erreicht ist.

Die Kettmasche

1. Mit der Häkelnadel in die Einstichstelle stechen, den Faden aufnehmen und durch die bereits auf der Nadel liegende Schlinge ziehen.

2. Den Vorgang wiederholen. Kettmaschen werden oft am Ende einer Häkelarbeit als Umrandung dieser verwendet.

1.

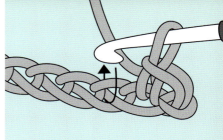

2.

Der Anfangsring

Zu Beginn werden 4 Luftmaschen zur Anfangsluftmasche angeschlagen und mit 1 Kett- und 1 Luftmasche zu einem kleinen Ring geschlossen.

1. Luftmaschenkette mit 5 Luftmaschen.

2. In die 1. Luftmasche der Kette einstechen.

3. Den Arbeitsfaden holen und durch die 1. Luftmasche ziehen.

4. So sieht der kleine Ring geschlossen aus. Gehäkelt wurde 1 Kettmasche.

5. Bei festen Maschen und halben Stäbchen: den Arbeitsfaden erneut auf die Nadel nehmen (= 1 Umschlag machen) und durch die Kettmasche ziehen. 1 Luftmasche ist entstanden. Bei einfachen Stäbchen: noch eine 2. Luftmasche häkeln.

1.

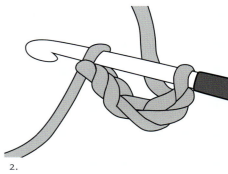

2.

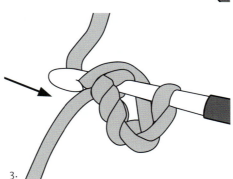

3.

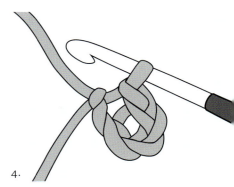

4.

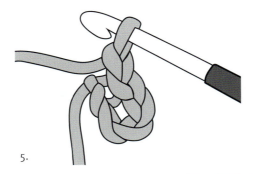

5.

VIDEOS
www.selfmade-boshi.com/Knowhow

Die Kennzeichnung des Rundenanfangs (mit Sicherheitsnadel)

1. Sollte es dir schwerfallen, die Luftmasche, die direkt nach der Kettmasche beim Rundenschluss gehäkelt wurde, zu erkennen, kannst du diese mit einer Sicherheitsnadel kennzeichnen.

1.

Faden mit in die letzte Masche der Runde einhäkeln

1. Dazu den Faden der gerade nicht verwendeten Farbe nach dem Einstechen der Nadel auf die Häkelnadel legen und den Arbeitsfaden holen. Mit dem Abmaschen wird der Faden mit eingehäkelt. Beispiel hier ist 1 halbes Stäbchen.

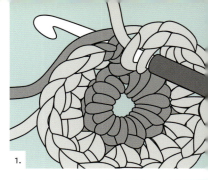

Die feste Masche

1. Mit der Häkelnadel in die nächste Einstichstelle stechen und den Faden durch diese holen. Wichtig dabei ist, dass 2 Schlingen der Masche über der Nadel liegen und sich 1 Schlinge unter der Nadel befindet.

2. Es befinden sich nun 2 Schlingen auf der Nadel. Den Faden wieder mit der Nadel aufnehmen (= 1 Umschlag machen) und durch diese beiden Schlingen ziehen. Fertig ist die 1. feste Masche.

3. In die nächste Einstichstelle stechen und den Faden durch die Schlingen ziehen. Es befinden sich wieder 2 Schlingen auf der Nadel. 1 Umschlag machen und wieder durch beide Schlingen ziehen.

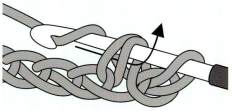

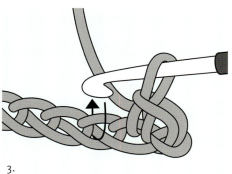

Das halbe Stäbchen

1. Vor dem Einstechen in die nächste Einstichstelle wird der Faden 1-mal um die Häkelnadel gelegt. So liegen vor dem Einstechen schon 2 Schlingen auf der Nadel. Nun in die Einstichstelle stechen, den Faden aufnehmen und durch die Masche ziehen.

2. Es liegen nun 3 Schlingen auf der Häkelnadel. Faden erneut aufnehmen und durch alle 3 Schlingen ziehen.

3. Nun ist das 1. halbe Stäbchen fertig. Fortan wiederholen.

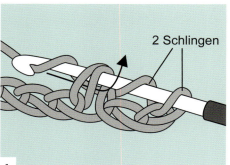

Das einfache Stäbchen

1. Faden vor dem Einstechen in die Luftmasche/Einstichstelle 1-mal um die Nadel legen (= 1 Umschlag machen). In die Masche einstechen und den Faden durch diese ziehen. Nun liegen 3 Schlingen auf der Häkelnadel.
2. Faden mit der Nadel aufnehmen und durch die ersten beiden auf der Nadel liegenden Schlingen ziehen. Nun liegen 2 Schlingen auf der Häkelnadel.
3. Faden wieder mit der Nadel aufnehmen und durch diese beiden noch auf der Nadel liegenden Schlingen ziehen. Fertig ist das 1. Stäbchen. Fortan wiederholen.

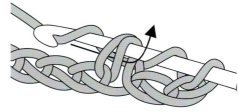
1.

2.

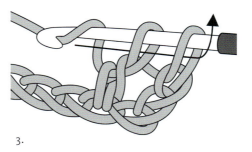
3.

Das doppelte Stäbchen

1. Faden vor dem Einstechen in die Luftmasche 2-mal um die Nadel legen (= 2 Umschläge machen). In die Einstichstelle stechen und den Faden durch diese ziehen. Es liegen nun 4 Schlingen auf der Nadel.
2. Faden mit der Nadel aufnehmen und durch die ersten beiden auf der Nadel liegenden Schlingen ziehen. Nun liegen 3 Schlingen auf der Nadel.
3. Faden erneut aufnehmen und durch die ersten beiden Schlingen auf der Nadel ziehen. Nun liegen noch 2 Schlingen auf der Nadel. Faden noch 1-mal aufnehmen und die letzten beiden Schlingen abmaschen.

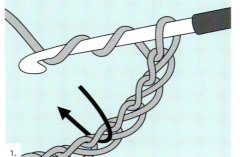
1.

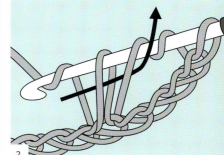
2.

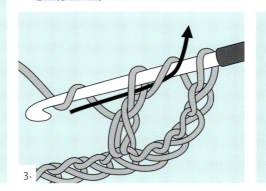
3.

Maschenbündel mit unterschiedlichen Maschenarten

1. Ein Maschenbündel kann aus verschiedenen Maschenarten bestehen und alle Maschen werden dabei immer in 1 Einstichstelle gehäkelt. Hier besteht das Maschenbündel aus 1 halben Stäbchen, 1 einfachen Stäbchen, 2 doppelten Stäbchen, 1 einfachen Stäbchen und 1 halben Stäbchen, die alle in 1 Einstichstelle gehäkelt werden.

1.

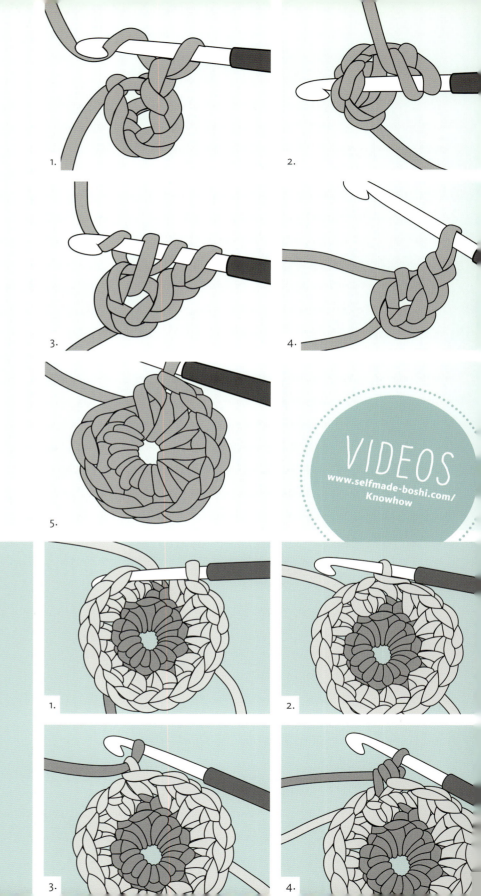

Die 1. Runde im Anfangsring (Die Anzahl der Maschen und die Maschenart der 1. Runde variieren von Anleitung zu Anleitung, z. B. 11 halbe Stäbchen im Anfangsring.)

1. 1 Umschlag von unten auf die Nadel nehmen.

2. Mit der Nadel in den Anfangsring einstechen, dann den Arbeitsfaden von unten auf die Nadel holen und durch die Einstichstelle ziehen.

3. Den Arbeitsfaden erneut von unten mit der Nadel holen und durch alle 3 Schlingen ziehen.

4. Fertig ist das 1. halbe Stäbchen.

5. Hier sieht man z. B. 11 halbe Stäbchen im Anfangsring.

Runden werden geschlossen mit Farbwechsel oder Rundenwechsel (bei festen Maschen, halben Stäbchen oder einfachen Stäbchen)

Die Runden werden geschlossen, um einen Versatz beim Farbwechsel oder Rundenwechsel zu vermeiden. (Die Abbildungen zeigen den Farbwechsel. Bei unifarbenen Häkelarbeiten funktioniert der Rundenschluss genauso, nur ohne die Farbe bzw. den Faden zu wechseln.)

1. Für den Rundenschluss in die 1. Masche (feste Masche, halbes Stäbchen, einfaches Stäbchen etc.) einstechen ...

2. ... und 1 Kettmasche mit der alten Farbe bilden.

3. Den neuen Faden aufnehmen und
   · bei festen Maschen und halben Stäbchen 1 Luftmasche bilden.
   · bei einfachen Stäbchen 2 Luftmaschen bilden.
   · bei doppelten bzw. Dreifachstäbchen 3 Luftmaschen bilden.

4. In der gleichen Einstichstelle wie Kett- und Luftmasche(n) mit der 1. Masche der neuen Runde beginnen. (Die Abbildung zeigt 1 halbes Stäbchen.)

Feste Maschen zusammen abmaschen

1. Einstechen, Faden holen, in die nächste Einstichstelle stechen und den Faden holen. Anschließend den Arbeitsfaden durch alle 3 auf der Nadel liegenden Schlingen ziehen.

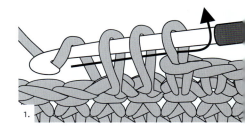

Halbe Stäbchen zusammen abmaschen

1. Den Faden vor dem Einstechen in die Einstichstelle 1-mal um die Nadel legen (= 1 Umschlag machen). In die Masche stechen und den Faden durch diese ziehen. Es liegen nun 3 Schlingen auf der Häkelnadel. Nun wieder 1 Umschlag auf die Nadel nehmen, in die nächste Einstichstelle stechen und den Faden durch diese holen. Es liegen nun 5 Schlingen auf der Häkelnadel.
2. Anschließend den Arbeitsfaden durch alle 5 auf der Nadel liegenden Schlingen ziehen.

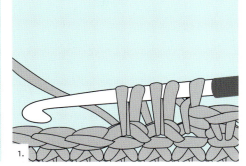 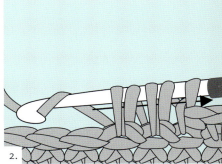

Einfache Stäbchen zusammen abmaschen

1. · 1 Umschlag machen, einstechen, Faden holen. Es liegen 3 Schlingen auf der Nadel. (Bei halben Stäbchen wird nach diesem Schritt 1 Umschlag gemacht, in die nächste Einstichstelle gestochen, der Faden geholt und anschließend der Arbeitsfaden durch alle 5 auf der Nadel liegenden Schlingen gezogen.)
   · Erneut 1 Umschlag machen und durch die ersten beiden auf der Nadel liegenden Schlingen ziehen.
   · Es liegen nun noch 2 Schlingen auf der Nadel. Erneut 1 Umschlag machen, in die nächste Einstichstelle stechen, den Faden holen und den Arbeitsfaden durch 2 Schlingen ziehen. Es sind noch 3 Schlingen auf der Nadel.
2. Anschließend den Arbeitsfaden holen und durch alle 3 Schlingen ziehen.

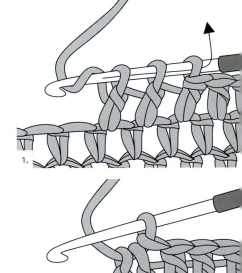

In der Schnecke häkeln

1. Wird in der Schnecke gehäkelt, kann man die 1. Masche der neuen Runde mit einer Sicherheitsnadel kennzeichnen. Das erleichtert das Zählen der Maschen in der jeweiligen Runde. Beim Häkeln in der Schnecke werden die Runden nicht mit einer Kettmasche geschlossen und es wird auch keine Luftmasche gehäkelt.

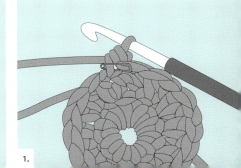

Die Wendeluftmasche

1. Die Wendeluftmasche ist eine Luftmasche, die am Ende einer Reihe gehäkelt wird. Anschließend wendet man die Arbeit und häkelt in der Reihe zurück. Ist die 1. Masche der neuen Reihe eine feste Masche oder ein halbes Stäbchen, wird 1 Wendeluftmasche gehäkelt. Bei einfachen Stäbchen oder doppelten Stäbchen werden 2 Wendeluftmaschen gearbeitet.

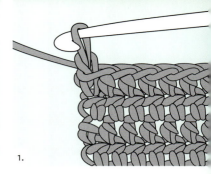
1.

Knubbel mit unterschiedlicher Maschenanzahl

Die Knubbel bestehen aus 2, 3 oder 6 oben zusammengehäkelten einfachen Stäbchen, die in 1 Einstichstelle gehäkelt werden. Mit der gewünschten Farbe 3 Luftmaschen anschlagen. 1 Umschlag machen und in die 1. Luftmasche stechen. Dann den Faden holen, erneut den Arbeitsfaden durchholen und durch die ersten beiden Schlingen ziehen. Das Ganze (= 1 Umschlag machen, Faden holen, Arbeitsfaden erneut holen und immer durch die ersten beiden Schlingen, die auf der Nadel liegen, ziehen) noch 1-, 2- oder 5-mal wiederholen, bis 3, 4 oder 7 Schlingen auf der Nadel sind (je nach Anzahl der oben zusammengehäkelten einfachen Stäbchen). Erneut 1 Umschlag machen, den Arbeitsfaden holen und durch alle Schlingen ziehen. Zuletzt noch 1 Luftmasche häkeln, den Faden nach ca. 15 cm abschneiden und durch die Luftmasche ziehen.

Haare oder Fransen anknüpfen

1. Den Faden in der Mitte halbieren und an der gewünschten Stelle mit der Häkelnadel durch die Maschenschlinge stechen.

2. Mit der Häkelnadel die so entstandene Schlaufe durch die Maschenschlinge ziehen.

3. Anschließend mit der Häkelnadel in die Schlaufe stechen, die Enden des Fadens durch die Schlaufe holen und festziehen.

4. Den Vorgang so oft wie gewünscht wiederholen. **Tipp:** Die Haare oder Fransen können auch mit mehreren Fäden und unterschiedlichen Wollqualitäten angeknüpft werden.

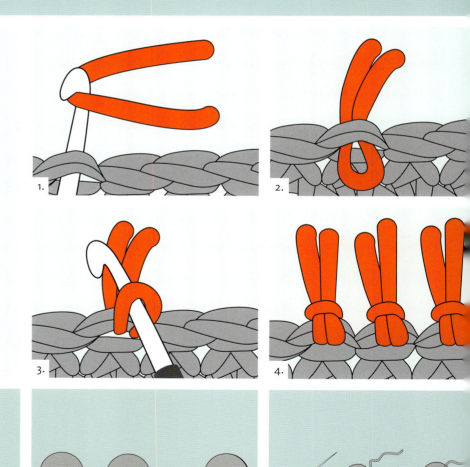

Eine Bommel herstellen (Durchmesser ca. 6 cm)

1. Mit einer Schere aus einem Stück Pappe 2 Kreise mit einem Durchmesser von 6 cm ausschneiden. Anschließend in die Mitte beider Kreise ein Loch mit einem Durchmesser von 2,5 cm schneiden und beide Kreise aufeinanderlegen.

2. Nun einen ca. 2 m langen Faden auf eine Stick-/Vernähnadel fädeln und von unten durch die Mitte der Kreise stechen. Den Vorgang fortan wiederholen, bis man mit der Nadel kaum mehr durch das Loch in der Mitte kommt.

3. Jetzt die Wolle am Rand der Pappkreise auseinanderschneiden.

4. Einen 50 cm langen Baumwollfaden zwischen den beiden Pappkreisen festziehen und einen Doppelknoten machen. Die Pappkreise an der Seite etwas aufschneiden und von der Bommel ziehen.

5. Zum Schluss wird die Bommel noch etwas frisiert und dann an der Mutmachmütze festgeknotet.

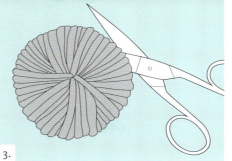

3.

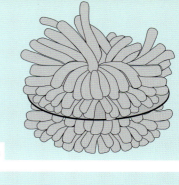

4.

5.

VIDEOS
www.selfmade-boshi.com/Knowhow

Schlaufen mit festen Maschen

1. Die Schlaufen entstehen beim Häkeln einer festen Masche.

2. Dazu vor dem Stechen in die Einstichstelle den Faden mit dem linken Mittelfinger von hinten um den Arbeitsfaden greifen. Dann ca. 1 cm nach hinten unten ziehen und 1 Schlaufe (diese liegt um den Mittelfinger) bilden.

3. In die Einstichstelle stechen, den Faden holen, den Arbeitsfaden erneut holen und durch die beiden auf der Nadel liegenden Schlingen ziehen.

4. Nach der gehäkelten festen Masche die auf der Rückseite entstandene Schlaufe festziehen. Dazu an dem Faden ziehen, der sich näher am letzten gehäkelten Maschenkörper befindet – und nicht am Arbeitsfaden selbst.

5. So sehen fertig gehäkelte feste Maschen mit Schlaufen aus.

1.

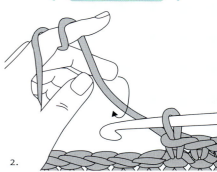

2.

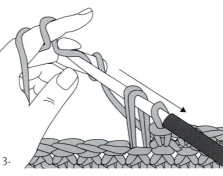

3.

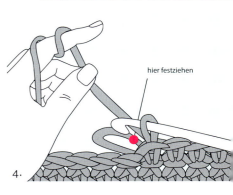

hier festziehen

4.

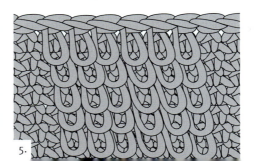

5.

Der doppelte Luftmaschenanschlag

1. Zur Anfangsluftmasche 2 Luftmaschen anschlagen. Den Anfangsknoten ein bisschen nach oben drehen.

2. In die 1. Luftmasche stechen. Dabei darauf achten: 2 Schlingen sind über der Nadel und 1 Schlinge ist unter der Nadel.

3. Den Arbeitsfaden durchholen, 1 Umschlag auf die Nadel machen und durch beide Schlingen, die auf der Nadel liegen, ziehen.

4. Man sieht nun die beiden Schlingen, die man vorher zusammen von der Nadel genommen hat.

5. Ab sofort sticht man immer in die linke Schlinge (mit 2 Schlaufen über der Nadel) und häkelt feste Maschen. Bei diesem Vorgang das Gebilde leicht nach oben drehen, dann geht es einfacher.

6. Fortan feste Maschen in die linken Schlingen häkeln. Die doppelte Luftmaschenkette kräuselt sich ein bisschen zusammen.

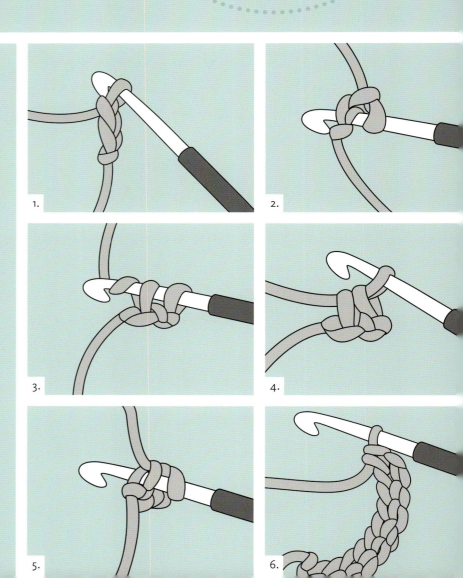

10 × 10

Einfach 12 halbe Stäbchen und 9 Reihen häkeln, auf die Fläche legen und sehen, ob's passt! Ist dein Gehäkeltes zu groß, mit einer kleineren Nadel häkeln, ist es zu klein, mit einer größeren Nadel häkeln.

Die Maschenprobe für No. 5 – wie sieht eine Masche aus

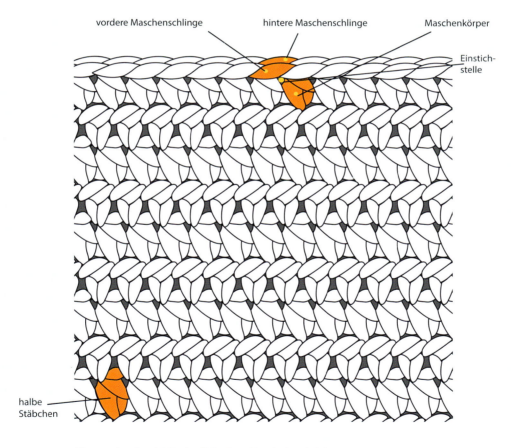

Hier werden die wichtigsten Teile einer Masche beschrieben.
10 × 10 cm = 12 halbe Stäbchen × 9 Reihen

Bereits bei unserem Verlag erschienen:

MYBOSHI 4 SEASONS
Das neue Boshiversum –
Strick- und Häkel-Chic fürs ganze Jahr
Autoren Thomas Jaenisch
und Felix Rohland
Fotografie Hubertus Schüler
200 Seiten, 26 Fotos
und 35 Illustrationen,
Format 24,5 × 24,5 cm,
gebunden, mit SU

19,95 EUR (D),
28,50 CHF, 20,60 EUR (A)
ISBN 978-3-95453-024-3

Mit 4 Labels und QR-Codes mit Video-Anleitungen

Seit Erscheinen das erfolgreichste Häkelbuch im Buchhandel 2014!

Die Kultmarke zum Selbermachen – das ist myboshi. myboshi macht süchtig, häkelsüchtig! In ganz Europa häkeln junge Menschen nach den Ideen der beiden Bestsellerautoren. Die dem Buch beiliegenden myboshi Labels machen jede myboshi DIY-Idee zum Original. Do-it-yourself-Produkte aus „myboshi 4 Seasons" zählen zu den beliebtesten Mitbringseln bei Geburtstagen, Weihnachtsfeiern und anderen Anlässen, nur echt aus der originalen myboshi Wolle. Gehäkelt und gestrickt wird inzwischen überall: Im Zug, im Flugzeug, vor dem TV entstehen Mützen, Schals, Stulpen, Tücher und diverse Kultaccessoires aus dem aktuellen Bestseller. Das Buch hebt sich nicht nur durch die hochwertige Machart, sondern vor allem auch durch die Qualität der Häkelanleitungen und professionelle Schritt-für-Schritt-Videos vom Wettbewerb ab, die über einen QR-Code im Buch ganz einfach im Internet aufzurufen sind.

MYBOSHI HÄKELGUIDES

Autoren Thomas Jaenisch und Felix Rohland, Format 15 × 15 cm
Preis pro Guide 2,95 EUR (D), 4,50 CHF, 3,10 EUR (A)

Einzelverkauf, Mindestabnahmemenge 5 Stück*
*Gilt nicht für den Charity Guide!

Häkelguide Vol. 1
ISBN 978-3-944778-01-3

Strickguide Vol. 2
(Schalideen)
ISBN 978-3-944778-15-0

Häkelguide Vol. 3
(Baby)
ISBN 978-3-944778-16-7

Häkelguide Vol. 4
(Sommer)
ISBN 978-3-944778-19-8

Häkelguide Vol. 5
(Skizirkus)
ISBN 978-3-944778-12-9

Häkelguide Vol. 6
(Kuschelwarm)
ISBN 978-3-944778-13-6

Häkelguide Vol. 7
(Flower Power)
ISBN 978-3-944778-20-4

Häkelguide Vol. 8
(Coole Kids)
ISBN 978-3-944778-23-5

Häkelguide Vol. 9
(Fanguide)
ISBN 978-3-944778-25-9

Häkelguide Vol. 10
(5 Jahre myboshi)
ISBN 978-3-944778-26-6

Häkelguide Vol. 11
(Taschenguide)
ISBN 978-3-944778-41-9

Häkelguide Vol. 12
(Boshigurumi)
ISBN 978-3-944778-28-0

Häkelguide Vol. 13
(Boshigurumi)
ISBN 978-3-944778-47-1

Charity Guide
EAN 4250938404913

Die kleinen Häkelguides bieten einfach nachzuvollziehende Anleitungen zu einem besonderen Thema. Sie sind ideal für Neueinsteiger und für die, die es erst mal probieren wollen. Die Häkelguides und das Buch sind im Buchhandel erhältlich.

BECKER
JOEST
VOLK
VERLAG

Dank

An dieser Stelle folgt wie gewöhnlich das Dankeschön, das auch dieses Mal wieder an viele, viele Mithelfer geht, die zu diesem Buch beigetragen haben.

Das Design-Team hat ganze Arbeit geleistet, um die lustigen Tierkreationen zu erschaffen.
Ein ganz besonderer Dank von uns allen geht diesmal an Daniela. Sie hat voll und ganz das Kreieren der Anleitungen übernommen, egal, wie groß der Zeitdruck war. Das Design von Freddi, dem Erdmännchen, haben wir auch ihr zu verdanken. Außerdem danken wir Tanja, die uns eine wunderbare Geschichte rund um unseren Boshigurumi-Zoo geschrieben hat.

Zu guter Letzt bedanken wir uns bei allen myboshi Fans, die uns mit ihrem Support immer wieder zu neuen Ideen motivieren!

Impressum

Die Autoren, der Fotograf und der Verlag danken allen Beteiligten, die durch ihre Mithilfe und Unterstützung zum Gelingen dieses Buches beigetragen haben.

Für die unermüdlichen Bemühungen um die außerordentliche Qualität dieses Buches danken wir als Verlag unseren Mitarbeitern Johanna Hänichen, Anne Krause, Ellen Schlüter, Melanie C. Müller-Illigen, Philine Anastasopoulos, Katharina Staal, Justyna Krzyżanowska, Christine Zimmer und Valerie Mayer.

Originalausgabe Becker Joest Volk Verlag

© 2015 – alle Rechte vorbehalten

1. Auflage März 2015

ISBN 978-3-95453-068-7

Autoren: Thomas Jaenisch und Felix Rohland

Design: Sarah Hohenberger, myboshi GmbH

Geschichte: Tanja Mairhofer-Obele

Illustrationen: Johanna Fritz

Fotografie: Justyna Krzyżanowska

Projektleitung: Johanna Hänichen

Layout: Justyna Krzyżanowska, Anne Krause, Katharina Staal

Bildbearbeitung und Lithografie:
Ellen Schlüter und Makro Chroma Joest & Volk OHG, Werbeagentur

Lektorat: Doreen Köstler

Druck: Mohn Media Mohndruck GmbH

BECKER JOEST VOLK VERLAG
www.bjvv.de